Kraftplätze
im Berchtesgadener Land und im Rupertiwinkel

Wasserfall in der
Almbachklamm

Nikola Hollmann, Andrea Slavik

Kraftplätze
im Berchtesgadener Land und im Rupertiwinkel

Wanderungen für Körper, Geist und Seele

Volk Verlag München

Alle Abbildungen: Nikola Hollmann und Andrea Slavik
außer Coverbild und S. 66: Minnystock | dreamstime; S. 121: Sabina Ac | dreamstime;
S. 115: Ulf Huebner | dreamstime
Vordere Klappe, Foto Nikola Hollmann: Andi Werner
Vordere Klappe, Foto Andrea Slavik: Birgit Pichler

Die Deutsche Bibliothek verzeichnet diese Publikation in der Deutschen Nationalbibliografie; detaillierte bibliografische Daten sind im Internet über https://portal.dnb.de/ abrufbar.

Neumarkter Straße 23; 81673 München
Tel. 089 / 420 79 69 80; Fax: 089 / 420 79 69 86

Druck: DZS Grafik, d.o.o., Ljubljana

ISBN 978-3-86222-381-7

www. volkverlag. de

Inhalt

Übersichtskarte

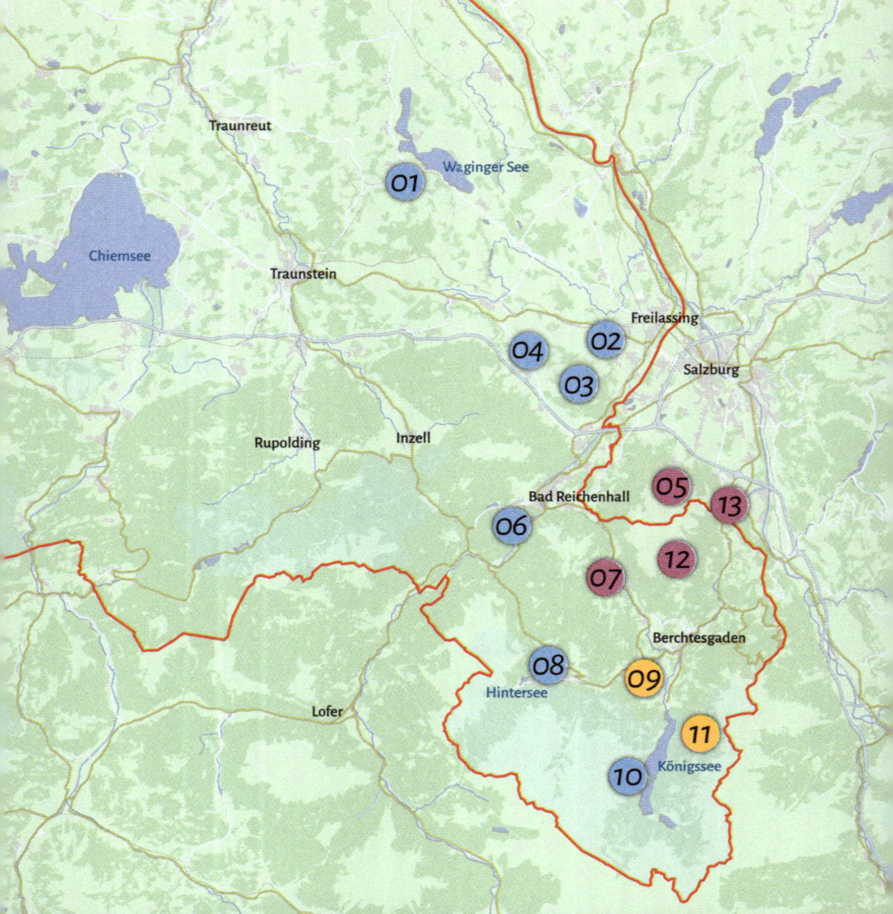

Liebe Leserinnen und Leser,

spüren, fühlen, wahrnehmen – sich ganz den Orten und der Natur hingeben. Hören und verstehen, was die Kraftorte uns mitteilen wollen. In Resonanz gehen mit einem mystischen Platz, mit seiner Kultur, Religion und Spiritualität Kontakt aufnehmen. Wir nennen das „spirituell wandern" und wir laden Sie ein, sich darauf einzulassen.

Wir haben uns auf den Weg gemacht, den Körper bewegt, den Geist befreit und erzählen von unseren Erlebnissen, von dem, was wir gehört und gesehen haben. Die Bergregion um Berchtesgaden und der Rupertiwinkel beschenken uns mit der Wildheit der beeindruckenden Bergwelt, mit der Sanftheit des Voralpenlandes, mit uralten spirituellen Zeugnissen und mit einer bis heute lebendigen religiösen Kultur. Man kann gar nicht genug davon bekommen.

Es ist uns deshalb eine große Freude, Ihnen 13 Wanderungen in dieser besonderen Region näherbringen und von unseren Erfahrungen auf den Wegen erzählen zu dürfen.

Rituale, Meditationen und Gebete, die Sie im Anschluss an jede Wanderung finden, können Sie bei ihren ganz persönlichen spirituellen Aufbrüchen zu Kraftplätzen und mystischen Orten unterstützen.

Wir versuchen, in diesem Buch einen Bogen zwischen den Religionen und Kulturen zu spannen. Es gibt kein Entweder-oder, sondern nur ein Sowohl-als-auch. Wir hoffen, dass unsere Erlebnisse Sie inspirieren und berühren – aber sie sind keinesfalls verbindlich oder gar dogmatisch. Machen Sie Ihre eigenen Erfahrungen, lassen Sie sich führen, nicht nur von uns, sondern vor allem von Ihrer eigenen Intuition und Wahrnehmung.

So wünschen wir Ihnen viele berührende Wanderungen und magisch-unvergessliche Stunden im Berchtesgadener Land und im Rupertiwinkel.

Nikola Hollmann und Andrea Slavik

Berchtesgadener Land und Rupertiwinkel

Auch wenn die zwei Regionen einen Landkreis bilden, unterschiedlicher könnten die beiden kaum sein: Weder geografisch noch historisch haben sie viel gemeinsam.

Der Rupertiwinkel gehörte bis zu Beginn des 19. Jahrhunderts zum Fürstbistum Salzburg. Das Brauchtum, die Tracht und sogar der Dialekt sind hier unverkennbar von dieser Epoche geprägt. Auch der Name, der gar nicht viel älter als 100 Jahre ist, erinnert an die immer noch empfundene große Nähe zu Salzburg, war Rupert doch der erste Bischof des Bistums und ist bis heute der Patron des Landes Salzburg. Das „Land vor den Bergen" nennen die Touristiker die Region heute, und tatsächlich lebt ihr landschaftlicher Reiz – nicht nur, aber auch – von der Aussicht auf die Berge.

Das eigentliche Berchtesgadener Land hingegen liegt in den Bergen, zwischen Untersberg, Hohem Göll, Watzmann und Hochkalter. Selbst das viel ältere Bad Reichenhall gehört historisch nicht zu diesem Kern. Denn während an der schon sehr früh, sehr reichen Salzstadt Hall – Bad Reichenhall – aufgrund ihrer Lage im Saalachtal immer schon die uralten Routen durch die Alpen vorbeiführten und der Ort schon in der Jungsteinzeit besiedelt war, wurde das weite Tal von Berchtesgaden vermutlich erst sehr viel später bewohnbar gemacht. Wie eine eigene Insel in den Bergen bildete Berchtesgaden ein eigenständiges Reich. Über 700 Jahre, bis zur Säkularisation im Jahr 1803, war die kleine Fürstpropstei ein eigenes reichsunmittelbares, also nur dem Kaiser unterstelltes Fürstentum. Erst seit 1810 gehört Berchtesgaden zu Bayern.

Das Nazi-Regime errichtete rund um die Stadt seinen zweiten Regierungssitz. Das Dokumentationszentrum am Obersalzberg und vor allem das Kehlsteinhaus zeugen von dieser Zeit.

Aber nicht die Geschichte zieht uns in diese Region, sondern die fantastische Natur: die Berge rund um den Watzmann, vor allem der Untersberg, die Seen vom Königssee bis zum

Waginger See, die Tiere, die vor allem im Kerngebiet des Nationalparks sehr gut zu beobachten sind, und die trotz der zum Teil kargen Untergründe in allen Farben blühenden Pflanzen.

Und nicht zu vergessen die Menschen, die uns mit großer Freundlichkeit und Offenheit begegnet sind, die uns von ihren liebsten Plätzen erzählt haben und uns spüren ließen, wie sehr sie diesen Fleck Erde lieben. An vielen Orten konnten wir Verbindung aufnehmen zu den alten Kultplätzen, den Besonderheiten der Natur und den vorchristlichen Gottheiten. Wir freuen uns darauf, Sie dorthin mitzunehmen!

Blick vom Grünstein zum Königssee, im Hintergrund der Hohe Göll und der Jenner

Elfenplatz am Weg zur Grasslhöhle

Hinweise

Rituale in der Natur achtsam zu begehen, setzt voraus, dass Pflanzen, Tiere und Menschen nicht gestört werden. Dazu gehört, dass nichts liegengelassen wird, sondern alles wieder in den Rucksack kommt.

Nach einem Ritual ist es wichtig, sich bei den Wesen des Ortes zu bedanken. Eine Kupfermünze, etwas Süßes, Tabak – oder vielleicht finden Sie entlang des Weges ein kleines Opfergeschenk: eine schöne Blume, einen besonderen Stein, einen blühenden Zweig. Wir nehmen aber nur solche Blüten und Zweige mit, die auf dem Weg liegen und schon abgebrochen oder gepflückt wurden.

Vorsicht mit offenem Feuer in der Natur! Inzwischen ist die Waldbrandgefahr an vielen Orten sehr groß. In Bayern ist es grundsätzlich verboten, im Wald ein Feuer anzuzünden.

Die Zeitangaben zu den Wanderungen beziffern die reine Gehzeit. Diese ist berechnet nach den von den Alpenvereinen angenommenen Durchschnittsgeschwindigkeiten von vier Kilometern pro Stunde in der Ebene sowie einer Stunde pro 300 Höhenmeter im Aufstieg beziehungsweise pro 500 Höhenmeter im Abstieg.

Planen Sie aber deutlich mehr Zeit ein, wenn Sie sich intensiv auf die Orte und die Natur einlassen wollen! Um unabhängig zu sein, ist es immer ratsam, ausreichend Getränke und Proviant im Rucksack zu haben. Sollten Sie einkehren wollen, erkundigen Sie sich am besten vorher nach den Öffnungszeiten.

Anhand der berechneten Gehzeit und der angegebenen Höhenmeter können Sie abschätzen, welche konditionellen Anforderungen eine Wanderung an Sie stellt. Im alpinen Gelände ist es aber vor allen Dingen wichtig, die technischen Schwierigkeiten einschätzen zu können. Leichte Touren sind auch für Ungeübte und Anfänger geeignet. Auf den mittelschweren Wanderungen gibt es Passagen, die Trittsicherheit erfordern. Das Gelände und die Wege können bereits steil sein und Vorsicht ist geboten. Schwere Wanderungen erfordern Erfahrung und Trittsicherheit in anspruchsvollem Gelände und die Fähigkeit, sich auf nassem Untergrund sicher zu bewegen. An exponierten Stellen kann Absturzgefahr bestehen.

Bei allen Wanderungen ist es sinnvoll, das Wetter im Blick zu haben und gegebenenfalls abzubrechen.

Grundsätzlich gilt: Wandern geschieht auf eigene Gefahr.

Wie ein Fjord wirkt der Königssee.

01 Der Weg der Beharrlichkeit

Von Maria Mühlberg bei Waging nach Sankt Leonhard am Wonneberg

3:00 h Gehzeit

10,5 km Länge

245 hm | leicht

Die Wallfahrtskirche Sankt Leonhard ist von Weitem zu sehen.

Die beiden Wallfahrtsorte Maria Mühlberg und Sankt Leonhard belegen, wie die Menschen über die Jahrhunderte festgehalten haben an alten Kulten, wie sie die Naturheiligtümer unserer Vorfahren in der christlichen Volksfrömmigkeit bewahrt haben. An diesen beiden Orten haben sie die Wallfahrten begründet und gegen die Kirche behauptet. Und so bis heute die Gewissheit erhalten, dass das Göttliche uns auch in der Natur begegnen will – wer wollte das bei der phantastischen Aussicht auf die Berge leugnen …?

Wegbeschreibung:

Wir beginnen die Wanderung an der Wallfahrtskirche Maria Mühlberg und nehmen den Feldweg bergab, der mit Blick auf den Waginger See an den Kreuzweg-Stationen entlang Richtung Waging führt. Unten im Tal überqueren wir zunächst einen Bach und dahinter eine kleine Querstraße und gehen geradeaus auf eine kleine Kapelle zu, die direkt an der Staatsstraße steht. Dort biegen wir nach links ab. Hinter der Unterführung halten wir uns rechts und gehen an dem Sportgelände vorbei, das links von uns liegt. Danach nehmen wir den zweiten Weg nach links und wandern den Hügel hinauf auf eine dem Judas Thaddäus geweihte kleine Kapelle am Waldrand zu, die etwas rechts der Straße steht. Nach ihrem Besuch wandern wir weiter bergauf, durchqueren den Weiler Haslach in Richtung Sankt Leonhard und ignorieren die Abzweigungen nach rechts.

Kurz vor der Kreuzung bei Untermoosen lohnt es sich, nach links zu schauen. Neben der Straße und über dem tief eingeschnittenen Tal des Ramgrabens ist eine Art Terrasse, von der aus man einen guten Einblick in den Graben hat.

An der Kreuzung nehmen wir anschließend das Sträßchen Richtung Sankt Leonhard nach rechts und verlassen dieses sofort wieder nach rechts auf einen Feldweg. An der T-Kreuzung biegen wir nach links ab und wandern auf einen Bauernhof zu, hinter dem wir nach links abbiegen und so nach Sankt Leonhard wandern.

Nach dem Besuch der Wallfahrtskirche gehen wir weiter bis zur Salzburger Straße, in die wir nach links abbiegen. So wandern wir aus dem Dorf hinaus und auf den Köpfelsberg zu. An der nächsten Kreuzung bietet sich eine fantastische Aussicht auf die Berge.

Von der Stupper-Kapelle kann man die Aussicht auf die Berge genießen.

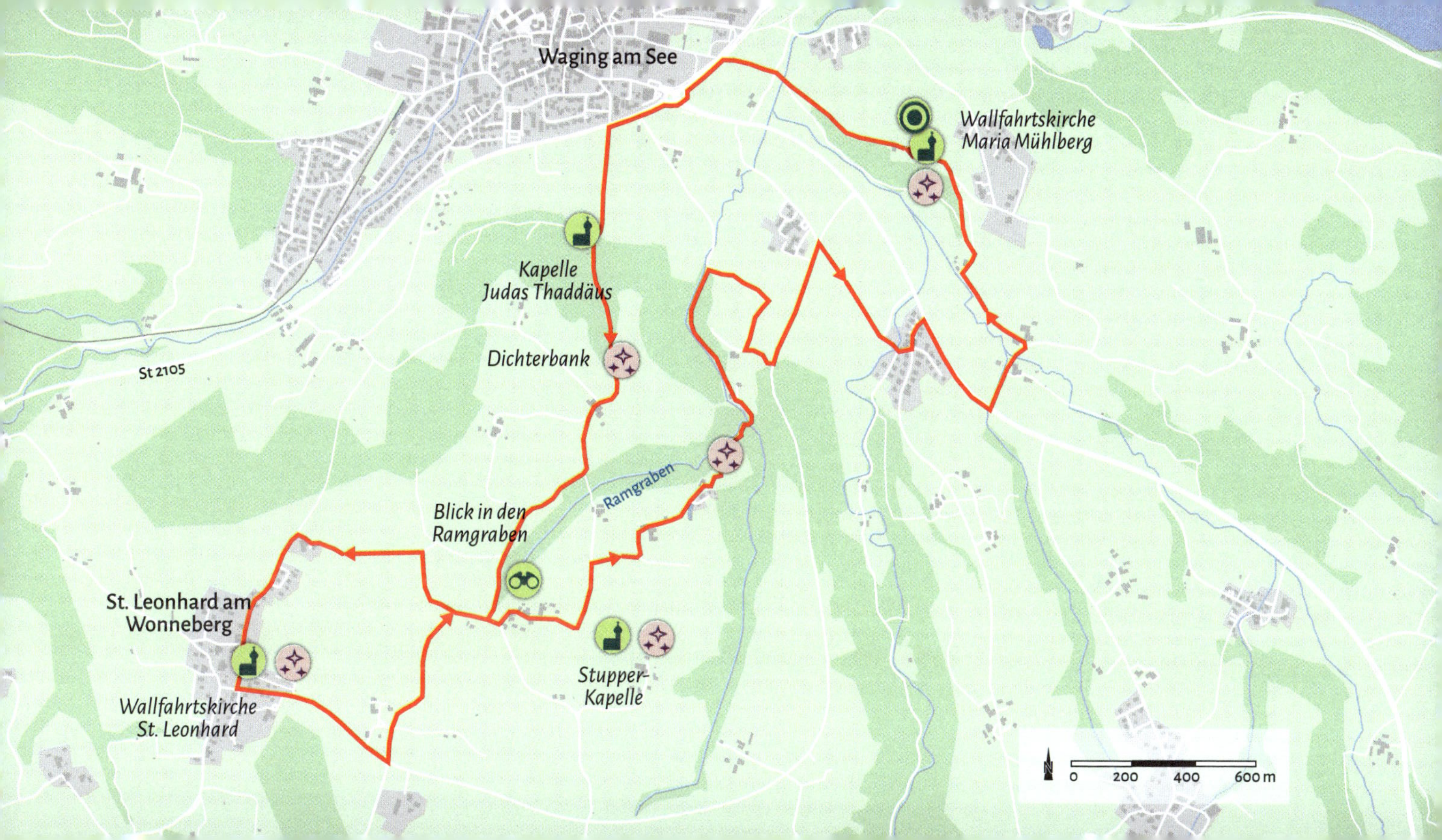

Waging am See
Wallfahrtskirche
Maria Mühlberg
Kapelle
Judas Thaddäus
Dichterbank
St 2105
Ramgraben
Blick in den
Ramgraben
St. Leonhard am
Wonneberg
Wallfahrtskirche
St. Leonhard
Stupper-
Kapelle
N
0
200
400
600 m

Wir nehmen die kleine Straße nach links, die uns zurück an die Kreuzung am Ramgraben führt. Dort gehen wir nun geradeaus und dann an der Abzweigung zunächst links, bevor wir in einer Kurve zwischen den Höfen von Untermoosen hindurchwandern. So erreichen wir die Stupper-Kapelle mit wiederum beeindruckender Aussicht.

Den Schildern nach Burgstall folgen wir an der nächsten Biegung nach rechts. An einem kleinen Teich auf der rechten Seite geht das Asphaltsträßchen geradeaus in einen Feldweg über, der uns zu einem verfallenden Hof führt. Von dort zweigt ein schmaler Pfad durch einen Obstgarten ab, der uns bald wieder zum Ramgraben führt.

Unten im Tal passieren wir wieder einen Hof und wandern weiter am Bach entlang, bis wir aus dem Wald treten und hier den Feldweg nehmen, der rechts den Berg hinauf und um den Hang herumführt. Wir biegen in die Zufahrt des Bauernhofes ein und erreichen die kleine Straße, auf der wir nach links bergab wandern. Gegenüber dem Dorf Steppach biegen wir nach rechts ab. In Feichten gehen wir nach dem Bach zweimal links und wenden uns an der Kreisstraße auf dem Radweg nach rechts.

An der nächsten Abzweigung nach links überqueren wir diese, und in dem Dorf Hirschhalm gehen wir wieder links Richtung Geismühle. Noch vor der Mühle nehmen wir den Wanderweg rechts den Berg hinauf zurück zu unserem Ausgangspunkt, der Wallfahrtskirche.

Ausgangspunkt in 83329 Waging am See:
Wallfahrtskirche Maria Mühlberg, Mühlberg 3

Wegbeschaffenheit:
Überwiegend kleine asphaltierte oder geschotterte Wege

Am Weg:
Wallfahrtskirche Maria Mühlberg, Wallfahrtskirche St. Leonhard am Wonneberg, Stupper-Kapelle, Ramgraben

Besonderheit:
Wanderung über ein Aussichtsplateau mit Sicht auf die gesamten Salzburger, Berchtesgadener und Chiemgauer Alpen

Einkehr:
Gastronomie Waging am See

Für das Ritual:
Zettel und Stift

▸ Dort wo heute die Kirche Maria Heimsuchung auf dem Mühlberg steht, stand einst ein großer Birnbaum. Die Legende erzählt, wie eine Magd namens Eva auf ihrem Heimweg an dem Baum vorbeikam. Plötzlich sah sie eine wunderschön in himmlische Gewänder gekleidete Frau, die drei Mal um den Baum herumging. Als Eva sich locken ließ und einen Schritt auf die Gestalt zu machte, war diese verschwunden. An der Stelle, wo die Frau eben noch gestanden hatte, lag nur ein kleines Abbild der Ettaler Madonna.

Tatsächlich geht die Anbetung der Muttergottes an diesem Ort auf das Jahr 1668 zurück: Der Bauer, dem dieses Land auf dem Mühlberg gehörte, hatte eine Wallfahrt in das bei Gar-

Die Linde überragt die Wallfahrtskirche auf dem Mühlberg.

Tafel mit einem Gebet an die Maria vom Mühlberg

misch-Partenkirchen gelegene Ettal unternommen und von dort ein solches Marienbild mitgebracht. Zu Hause hatte er es dann gerahmt und an den Birnbaum gehängt. Und fast sofort begannen die Menschen aus der Umgebung, zu der Madonna zu pilgern und Maria um Hilfe zu bitten. Schon kurz darauf wurde an dem Platz eine erste Kapelle aus Holz gebaut. Die ältesten der zahlreichen Votivtafeln, die noch heute in der Kirche zu sehen sind, stammen schon aus dieser Zeit.

▹ *Auf dem Mühlberg angekommen gehe ich zuerst zu dem alten Lindenbaum. Er streckt seine Äste in Richtung des Kirchturms aus und irgendwie kommt es mir vor, als ob er auch mir seine Arme entgegenstrecken möchte. Dort unter der Linde und dem Birnbaum mit Ausblick zum Waginger See sitzen die Wanderer und holen sich Kraft und Geborgenheit. Das Bild der Schutzmantel-Madonna leuchtet vom Kirchturm auf uns herab. Auch ich setze mich und lasse mich halten von der mütterlichen Linde, die mit ihren herzförmigen Blättern für die Liebe steht.*

Dieser Wallfahrtsort wurde anfänglich nicht von der Kirche geschaffen, sondern von den Menschen der Region initiiert. Alte keltische Kultplätze und die Verehrung der Naturheiligtümer wollten weiter-

gelebt werden und hier am Mühlberg konnte der Klerus den Menschen diesen vorchristlichen Glauben nicht austreiben. Ein Baumheiligtum in Form eines Birnbaumes und ein Brunnen mit Heilwasser, dessen Existenz verhinderte, dass die Wallfahrtskirche vom Mühlberg nach Waging verlegt werden konnte. Die Menschen aus der Region kämpften über Jahrhunderte um ihr Quell- und Baumheiligtum. Trotzdem wurde 1970 der Brunnen mit dem wundertätigen Wasser verschlossen.

▸ Die Menschen ließen sich ihre Madonna durch nichts und niemand nehmen. Wenn das Bild weggeschlossen wurde, dann brachen sie die Türen auf, wenn die Wallfahrt verboten wurde, dann hielten sie sich nicht daran. Selbst als die Obrigen den Birnbaum fällten, an dem das Gnadenbild einst gehangen hatte, blieben sie Maria und dem Ort treu.

Von Anfang an werden der Gottesmutter Wunder zugeschrieben. Nirgendwo in der Region sind so viele und so alte Votivtafeln erhalten wie hier. So viele, dass sie wie eine Täfelung unter der Orgelempore angebracht sind. Irgendwann hatte auch der zuständige Salzburger Bischof ein Einsehen. Er ließ aus dem Holz des gefällten Birnbaums das Ettaler Gnadenbild nachschnitzen, nachdem er auf dem Mühlberg Frauen beim innigen Gebet beobachtet hatte. Diese Marienstatue steht bis heute in der Kirche.

Auch ich beobachte die Menschen, die sich hier immer noch in großer Zahl treffen. Kaum jemand von ihnen kommt nur, um zu schauen, die meisten setzen sich in die Bänke unter den Votivtafeln und verweilen. Viele schreiben ihre Wünsche und Gebete in das ausliegende Buch, andere bringen auch heute noch ihren Dank in Form von selbstgemalten Bildern oder Votivkerzen dar.

▹ *Ich zünde im Eingangsbereich der Kirche eine Kerze an. Die Mutter Gottes möge uns auf unseren Wanderungen beschützen. Das Bild einer jugendlichen Maria mit ihrem Kind fesselt mich. Jungfräulich und rein blickt sie ihren Säugling an, entrückt von der Welt und eins mit sich und ihrem Kind. Ich gebe mich ihrer unschuldigen und kindlichen Geborgenheit hin. Eher unwillig betrete ich das Innere der Kirche und begegne Nikola, die sich die Votivtafeln ansieht. Im Gegensatz zu ihr fühle ich mich hier nicht recht wohl. Ich will lieber wieder hinaus zu den Bäumen und dem blauen Himmel und der schützenden Erdenmutter und so machen wir uns auf den Weg.*

▸ Von Waging aus wandern wir über eine Wiese auf einen Hügel zu. Am Waldrand sitzt ein Paar auf einer Bank neben einer Kapelle. Es ist ein Bild voll Harmonie. Die kleine Kapelle ist einem Heiligen geweiht, dem ich vorher noch nicht begegnet bin: Judas Thaddäus, der Patron, den man bei unmöglichen Anliegen anrufen kann, wenn eigentlich gar nichts mehr geht.

▹ *Der mystisch-dichte Wald umfängt mich, obwohl wir auf einer kleinen Asphaltstraße unterwegs sind. Schweigsam gehen wir nebeneinander und ich warte darauf, was uns als Nächstes begegnen wird. Eine unscheinbare Bank zwischen Holunderbäumen – man könnte sie fast übersehen. Instinktiv setze ich mich, schließe meine Augen, höre Reime und Verse unterschiedlichster Art. Ich denke an unsere keltischen Vorfahren und ihre Liebe zum gesprochenen Wort und zum Gesang. Ich denke an die Hexen und ihre Sprüche und an ihr Gesetz, alles dreimal auszusprechen, um es zu manifestieren. Über mir der Wald, ein Ort, den man Höllenhaslach nennt. Ob dort eine keltische Siedlung war? Die „Dichterbank im Hexenloch" – so würde ich diesen Ort nennen. Neben der Straße einfach so, ein wunderbar inspirierender Platz.*

▸ Auf dem Weg nach Sankt Leonhard am Wonneberg liegen sie alle vor uns: die Berge des Salzkammerguts, die Berchtesgadener und die Chiemgauer Alpen. Wonneberg. Was für ein passender Name! Und dabei ist es mir völlig egal, dass er angeblich ganz wertfrei von „Waginger" Berg herrührt. Wer die Berge liebt, sollte den Weg unbedingt bei klarer Sicht gehen, denn die ist wirklich beglückend. Ich kann gar nicht Schritt halten mit Andrea, ich muss schauen, immer wieder stehen bleiben und schauen. Wie heißt dieser Berg und der dort hinten? Der Untersberg, der Hochstaufen, der Schafsberg, der Dachstein, die Kampenwand. Für mich ist es ein innerer Auftrag, die Namen der Berge zu kennen, als wären es die Namen von Freundinnen und Freunden. Jeder besonders, jede eine eigene Persönlichkeit. Andrea ist schon fast bei der Kirche und ich kann mich nur losreißen, weil ich weiß, dass unsere Route noch viele fantastische Ausblicke bieten wird.

Blick vom Wonneberg zu den Salzburger Bergen

▹ *Ich betrete den Friedhof der Kirche Sankt Leonhard und sofort breiten sich Ruhe und Stille um mich herum aus. Ich sehe vor meinem geistigen Auge die Wallfahrer und Pilger hoch zu Ross zur Kirche reiten. Sie kommen mit ihren Pferden und bitten um den Segen der Mutter Gottes und des heiligen Leonhard. Im Inneren der Kirche blicke ich mich um und die keltische Göttin Epona kommt mir in den Sinn. Sie ist die Göttin der Fruchtbarkeit und der Pferde, ihr Name stammt vom gallischen Wort „epos", das Pferd. Als eine der wenigen Göttinnen wurde sie von den Römern in deren Götterhimmel aufgenommen.*

Pferde waren für die Menschen immer schon lebenswichtige Begleiter, ob im Kampf, auf Reisen oder bei der Arbeit auf dem Feld. Ein Leben ohne Pferde war lange Zeit undenkbar. Es ist ein besonderes Verhältnis, das viel Vertrauen und Zuwendung braucht. Die Menschen haben ihre Tiere deshalb immer auch höheren Mächten anvertraut, der Göttin Epona und in christlicher Zeit bis heute dem heiligen Leonhard.

Von der kunstvollen Holzempore genieße ich den Ausblick hinunter in die Kirche und auf den gotischen Hochaltar. Ein erhebender Ort mit einer guten Energie, hell und lichtvoll.

▸ Die Leonhard-Wallfahrt hat den kleinen Ort über die Jahrhunderte reich gemacht. Die Menschen, die hierher pilgerten, brachten großzügige Opfergaben mit, was man an der großen Kirche schon von Weitem erkennen kann. Wie das Marienheiligtum vom

Mühlberg war auch der Leonhardiritt immer wieder Anlass für Auseinandersetzungen mit der Obrigkeit. Obwohl er am Ostermontag verboten wurde, wird er am Patronatstag des Heiligen am 6. November bis heute feierlich begangen.

Das Innere der Kirche mit ihren zahlreichen Fresken zeugt vom Reichtum der Wonneberger. Als ich zu Andrea auf die Orgelempore steige, beeindruckt mich vor allem das Bild des Christophorus. Oder genauer: das der kleinen barbusigen Meerjungfrau, die zu seinen Füßen im Wasser zu erkennen ist. Man könnte meinen, dass sie mit ihrer linken Hand den Stab des Riesen lenkt und an die richtige Position führt, damit er das Jesuskind auf seinen Schultern sicher ans Ufer bringen kann.

Von Sankt Leonhard wandern wir weiter über das Wonneberg-Plateau und ich kann mich nicht sattsehen an dem Panorama, das sich uns bietet. Als hätten wir alle eine Einladung erhalten, kommen an der Stupper-Kapelle Wanderer und Radfahrer zusammen. Niemand geht einfach vorbei. Das mag an dem Bergpanorama liegen – ich glaube aber, dass es an der Freundlichkeit des Ortes liegt. Die beiden Frauen vom Huber-Hof, zu dem die Kapelle gehört, haben gerade die Kirche mit frischen Blumen geschmückt. Sie begrüßen uns gut gelaunt und fröhlich wie Gastgeberinnen, die unseren Besuch erwartet haben. Wir sitzen auf den Bänken unter der Linde und

Alte und neue Votivtafeln in der Wallfahrtskirche

schauen auf die Berge, kommen mit den anderen ins Gespräch und fühlen uns willkommen.

Die Sonne scheint durch den Wald am Ramgraben.

▹ *Wir kommen an einem verwilderten Bauernhof vorbei, eine Idylle, der ich mich nicht entziehen kann. Fruchtbarkeit und Fülle leuchten uns von den Obstbäumen entgegen, die reifen Äpfel und Birnen erinnern uns an die vielen herbstlichen Gaben der Natur. Nikola nimmt sich einen Apfel mit auf den Weg. Ich frage mich, ob sie vom Baum der Erkenntnis kosten möchte, und lächle in mich hinein. Denke an die Apfelbäume im sagenumwobenen Avalon, auch bei den Kelten waren sie heilige Bäume. Hier in Bayern sind es wohl eher die Birnbäume, die als heilig und besonders wundertätig verehrt werden.*

Beim Eintreten in den Ramgraben verändert sich die Energie und es wird mystisch und wild. Der tiefe Graben, der einst künstlich angelegt wurde, um die oberhalb liegende Burg zu schützen, ist mittlerweile zu einem wilden Bachtal geworden.

Wir folgen dem Graben ins Tal und bleiben immer wieder stehen. Ich blicke zurück und es ist mir, als ob ein Riese mich anblickt. Er beschützt

Im Maisfeld wachsen Sonnenblumen.

diesen magischen Ort, der Grüne Mann der Kelten, der Riese Rübezahl oder der heilige Christophorus, dem wir gerade in der Kirche begegnet sind. Getragen von dieser Energie strebe ich dem Bach zu und endlich kann ich meine Schuhe ausziehen und mich ins Wasser stellen. Das kalte Wasser umfließt meine Füße und ich kann alle Anspannungen loslassen.

▸ Während wir zur Wallfahrtskirche Maria Mühlberg zurückwandern, denke ich darüber nach, dass es mit Sicherheit kein Zufall ist, dass die Magd in der Legende Eva heißt. Sie lässt sich locken und ist neugierig genug, sich dem Birnbaum zu nähern. Die Frucht, die Eva in der biblischen Erzählung von der Schlange annimmt, wird fast immer mit dem Apfel assoziiert, obwohl davon in der Bibel nicht die Rede ist. Dort wird nur von der Frucht vom „Baum der Erkenntnis von Gut und Böse" erzählt. Erst nach ihrer Entscheidung, davon zu kosten, ist Eva zur „Mutter aller Lebendigen" geworden.

Die Legende vom Mühlberg stellt der Gottesmutter Maria also Eva an die Seite. Eva und den Wunsch nach Erkenntnis. Maria, die christliche Gottesmutter, in der sich den Menschen die weibliche Gottheit, die Erdenmutter erhalten hat, und Eva, die Urmutter, die nach Erkenntnis strebt: Kein Wunder, dass dies ein Ort ist, den sich die Menschen von nichts und niemand haben nehmen lassen.

Ritual
Lebensaufgabe

Die Menschen der Region haben um ihre Traditionen und ihren Glauben gekämpft, sich dafür eingesetzt und erreicht, dass sie ihre Kultplätze bis heute behalten durften.

Setze dich an der Kirche am Mühlberg unter die schützende Linde oder in die Kirche und mache dir Gedanken darüber, was dir im Leben wichtig ist. Wofür hast du schon einmal gekämpft und dich beharrlich eingesetzt? Erinnere dich an mindestens drei Situationen. Dann denke bitte darüber nach, wofür du dich in Zukunft einsetzen möchtest. Schreibe mindestens eine Sache auf einen Zettel.

Das Wasserbecken im Ramgraben eignet sich gut für ein Ritual.

An der Dichterbank im Hexenloch versuche für die Sache, die dir am Herzen liegt, einen Spruch zu reimen und auf den Zettel zu schreiben. Stelle keine Ansprüche an Stil oder Form, aber schreibe dein Anliegen auf jeden Fall in Reimform auf.

Auf dem Weg zwischen Dichterbank und Leonhardskirche gehe auf die Suche nach einem Symbol für deine Aufgabe – nach einem Stein oder Zweig, einer Frucht oder Blume.

An oder in der Kirche angekommen, setze dich und überlege dir, was wäre, wenn du morgen starten würdest? Müsste vorher noch etwas erledigt werden oder sich etwas verändern? Schreibe deine Erkenntnisse auf den Zettel.

An der Stupper-Kapelle kannst du dich unter die Linde setzen und darüber nachdenken, wer oder was dir bei der Umsetzung deines Anliegens helfen könnte. Schreibe auch dies auf.

Am Bach oder im kleinen Flussbecken, das neben der Brücke liegt, kannst du es so machen wie Andrea und dich vom Wasser des Ramtalbachs zuerst reinigen und dann energetisieren lassen.

Wieder an der Kirche am Mühlberg angekommen, nimmst du den Zettel mit deinen Erkenntnissen und Plänen und liest deinen Reim dreimal laut oder in Gedanken vor. Sende deine Intention nach oben. Wenn du sie auch Maria anvertrauen willst, dann zünde eine Kerze an oder trage dein Anliegen in das ausliegende Buch ein. Überlege dir ein kleines Opfer für den Kraftort, um dich für die Unterstützung zu bedanken. Das Symbol, das du dir aus der Natur mitgenommen hast, legst du an der Kirche ab oder du nimmst es als Motivation mit nach Hause.

Das Geschenk der Erkenntnis ist dir zuteilgeworden. Du hast etwas über dich und deine Lebensaufgabe erfahren. Jetzt liegt es an dir, dich für deine Anliegen einzusetzen und sie zu initiieren.

02

Der Weg ins Innere

Durch das Ainringer Moos

3:00 h Gehzeit

10,5 km Länge

245 hm leicht

Von der Vogelwarte überblickt man den ganzen Moorsee.

Im Rupertiwinkel gibt es zahlreiche Moore. Der Salzachgletscher der Würmeiszeit hinterließ Rinnen und Mulden, die sich mit Schmelzwasser füllten. Sumpfpflanzen siedelten sich an und starben ab, nach und nach verlandeten die Schmelzwasserseen und bildeten die Moore. Den prähistorischen Menschen erschienen diese Orte – ähnlich wie Quellen und Berge – als Plätze, an denen sie ihren Göttern besonders nah sein konnten. Opfergaben, die im Ainringer Moos gefunden wurden, weisen es als einen solchen heiligen Ort aus. Für uns ist diese Wanderung wie eine Reise ins Innere, in die Meditation und Ruhe, heilsam für Körper und Geist.

Wegbeschreibung:
Vom Parkplatz am Schwimmbad in Ainring ist der Weg zum Moor ausgeschildert. Wir wählen die Runde im Uhrzeigersinn. Zunächst können wir von der Vogelwarte und später vom Moorobservatorium die zahlreichen Wasservögel beobachten. Im Winter bietet sich vom Observatorium aus die Möglichkeit, den Weg ins Moor zu gehen, der während der übrigen Zeit zum Schutz der Vögel gesperrt ist.

Weiter geht es um das Moor, nun an den Schienen entlang, bis nach links ein Weg abbiegt, der auf eine stattliche Eiche zuführt. An dieser Eiche biegen wir nach rechts ab und kommen so zurück auf den Weg, den wir zu Beginn genommen haben. An den Infotafeln halten wir uns an der Gabelung links und wandern auf gleichem Weg zum Ausgangspunkt zurück.

Ausgangspunkt in 83404 Ainring:
Parkplatz am Schwimmbad, Schwimmbadstraße 13

ÖPNV:
Bushaltestelle „Heidenpoint“

Wegbeschaffenheit:
Bequeme Wanderwege, ganzjährig zu gehen

Am Weg:
Vogelbeobachtungsstationen, Moortretbecken

Besonderheit:
Am Observatorium sind die Gleise und Loren noch gut zu sehen. Von hier aus ist es nur ein kurzer Abstecher zu dem kleinen Torfmuseum (www.ainringer-moos.de).

Tipp:
Fernglas mitnehmen

Einkehr:
Gastronomie Ainring

Freilassing
B 304
Moortretbecken
Moorobservatorium
Kleine Sur
Eiche
Vogelwarte
Ainringer Moos
Ainring
Mitterfelden
0
200
400 m

▹ *Der kleine Moorwichtel Mooserl erwartet uns schon: Keck spaziert er mit seinen leuchtend roten Haaren, der grünen Mütze mit der goldenen Schneckenspirale und dem Wanderstab in der Hand über die Informationstafeln des Ainringer Moorgebiets.*

Mit den Mooren verbinden wir normalerweise Spuk und Unheimliches: Moorleichen, Irrlichter, Nebel und Geister. Das Ainringer Moos beschert uns genau das Gegenteil.

▸ Eine Wanderung um dieses Moor ist wie der bewusste Verzicht auf die dritte Dimension. Nicht nur, dass unsere Beine keine Höhenunterschiede überwinden müssen, auch unsere Augen und unser Geist können sich ausruhen. Der Blick kann nicht in die Ferne schweifen und fast automatisch richtet er sich nach innen. Ruhe kehrt ein, schweigsam gehen Andrea und ich hintereinander her. Hier müssen wir keine Entscheidungen fällen, hier können wir keine Wege verpassen, hier können wir einfach gehen, langsam, jede für sich.

▹ *Am Ende der Steinzeit – vor mehr als 5.000 Jahren – waren einige Moore besiedelt; Pfahlbauten und verschiedene Funde weisen darauf hin. Auch hier in Heidenpoint am Rande des Moors wurde eine steinzeitliche Prunkaxt gefunden. Was die prähistorischen Menschen dazu veranlasste, sich in den eher unwirtlichen Mooren anzusiedeln und den Bau von aufwendigen Pfahlbauten in Kauf zu nehmen, wissen wir nicht. Vielleicht wollten sie sich so vor Feinden und wilden Tieren schützen.*

Die Funde aus dem Ainringer Moos stammen ansonsten aus der Bronzezeit, also aus der Zeit zwischen 2000 und 700 v. Chr.: Mehrere Gegenstände, zum Beispiel Messer oder Gewandnadeln mit Zierköpfen aus Bronze, konnten hier geborgen werden.

In dieser Zeit wurden nachweislich schon Salz und Metalle abgebaut. Es bildete sich eine reiche Oberschicht und dementsprechend kultiviert waren die Menschen. Vor allem die Dinge, die in Mooren gefunden wurden, geben uns besondere Einblicke in die damals bereits vorhandene Handwerkskunst. Da sie nicht mehr mit Sauerstoff in Kontakt kamen, haben sie gut konserviert die Jahrhunderte überstanden.

Durch den mystischen Birkenwald

▸ Obwohl das Ainringer Moos schon lange nicht mehr in seiner Ursprünglichkeit erhalten ist, hat es uns hierhergezogen, weil es archäologische Funde gibt, die eine vorgeschichtliche Besiedlung und eine kultische Bedeutung dieses Ortes beweisen. Noch bis 2003 wurde hier im großen Stil Torf abgebaut, sogar dann noch, als das Moor 1995 zum Schutzgebiet erklärt wurde. Umso erstaunlicher ist, dass die Natur inzwischen wieder so intakt wirkt und dass eine Art archaischer Energie immer noch spürbar ist.

▹ *Sobald wir das Moor erreichen und ich meinen Blick über die Seen und die beruhigende Landschaft mit den sanften und weichen Farben schweifen lasse, fühle ich mich in den Norden versetzt, nach Irland oder Schottland, wo sich das Keltische noch viel mehr erhalten hat als bei uns und wo es in Legenden und Sagen weiterleben darf.*

Auf dem kleinen Aussichtsturm der Vogelwarte werde ich vollkommen ruhig und falle fast in eine meditative, tranceartige Stimmung. Nichts ist gerade wichtig, ich fühle mich glücklich und zufrieden.

▸ Von der kleinen Aussichtsplattform überblicken wir zum ersten Mal das ganze Moorgebiet. Vor 15.000 Jahren begannen sich hier nach der letzten Eiszeit die Gletscher zurückzuziehen. Die Schmelzwasserseen verlandeten und die Moore entstanden. Während im Wald abgestorbene Pflanzenteile durch andere Lebewesen abgebaut werden, ist dies wegen des Sauerstoffmangels in den immer feuchten Böden der Moore nicht möglich. Das Pflanzenmaterial verrottet nicht, sondern bildet Torf. Etwa einen Millimeter pro Jahr. Der Mensch brauchte noch nicht einmal ein Jahrhundert, um die in dieser Region in rund 10.000 Jahren entstandenen Torfvorkommen abzubauen.

„Erst der Tod erweckt das Moor zum Leben", steht auf einer Tafel, und gemeint sind die abgestorbenen Pflanzenteile, durch die der Torf entsteht. Umgekehrt weiß man inzwischen, dass das Ausbeuten der Moore, um Torf abzubauen, „tödlich" für das Klima ist. Da die Pflanzenreste ohne Sauerstoff nicht verrotten, speichern sie das in ihnen gebundene Kohlendioxid. Doch beim Torfabbau und der dabei nötigen Trockenlegung der Moore gelangt Sauerstoff heran und der Zersetzungsprozess beginnt: Kohlendioxid und Lachgas werden freigesetzt, beides extrem klimaschädlich. Übrigens kann jeder einen Beitrag zum Schutz der Moore leisten und beim Kauf von Blumenerde darauf achten, dass sie torffrei ist.

▹ *Auf dem Weg hierher habe ich vor meinem geistigen Auge plötzlich eine Gestalt in einem schwarzen Umhang gesehen. Sie scheint mir auf den Turm gefolgt zu sein, denn dort sehe ich die Gestalt wieder, einen Druiden, einen keltischen Priester. Er zeigt mir seine tätowierten Arme und ich denke an den Ötzi, der aus dieser Zeit stammt, als in den Mooren Menschen lebten. Auch er hatte Heilzeichen am ganzen Körper eintätowiert. Punktartige Wunden wurden damals mit Kohlestaub gefüllt: Der Mann aus dem Eis trug mehr als 60 Tätowierungen am Körper, mehrere davon auf den klassischen Akupunkturpunkten.*

Auch die Krieger der Kelten waren oft am ganzen Körper tätowiert; die Symbole machten sie mutiger und stärker und verbanden die Kämpfer untereinander. Aus Erzählungen der Römer weiß man, dass sich die Kelten manchmal vollkommen nackt in den Kampf gestürzt haben, mit viel Geschrei und Lärm. Die Römer stempelten sie als Barbaren und unkultiviert ab. Als Volk ohne Schrift konnten sie nichts dagegen tun, dass die Deutungshoheit bis heute bei den Römern und Griechen jener Zeit liegt. Doch heute wissen die Historiker, dass ein falsches Bild der Kelten gezeichnet wurde.

In meiner Vision zeigt mir der Druide mehrere Stege, die in und durch das Moor führen. Drei in lange Umhänge gehüllte Männer tragen etwas hinaus: Messer, Bögen, Schmuck. Ein Krieger ist krank geworden. Um für ihn zu beten, opfern sie Weihegaben im Moor.

Alte Gerätschaften erinnern an den Torfabbau.

Hinter dem Observatorium zeigt sich der Untersberg.

▸ Ein Druide? Andrea erzählt mir von ihrem tätowierten Begleiter und ich muss lächeln. Ich weiß, dass sie fest davon überzeugt ist, dass es bei den Kelten auch Druidinnen gab. Schon oft haben wir hitzig darüber diskutiert, wann und wie eigentlich das Ungleichgewicht der Geschlechter und das Patriarchat seinen Anfang genommen haben. Mit der Sesshaftigkeit der Menschen? Mit dem Einfluss der Römer? Ganz in der Nähe, im heutigen Salzburg, jedenfalls haben die Römer im Jahr 15 v. Chr. die Stadt Iuvavum neu gegründet, nachdem sie die dort bereits vorhandenen bedeutenden keltischen Siedlungen besetzt hatten. Was die Römer von der kultischen Rolle der Frauen hielten, kann man bis heute gut in der Katholischen Kirche beobachten …

▹ *Dieses Moor zieht mich in seinen Bann. Ich falle in eine Ruhe, die ich normalerweise nur durch Entspannungsübungen erreichen kann. Am Observatorium schaue ich fasziniert durch das Fernrohr und beobachte tief beglückt einen schneeweißen Seidenreiher, der würdevoll und stolz im Wasser steht. Früher galten die Reiher als heilige Tiere, als Begleiter in die Anderswelt. Für mich steht dieser strahlend weiße, anmutige Vogel zusätzlich für Reinheit und Erhabenheit.*

Ich blicke hinaus auf das Moor und wieder sehe ich vor meinem geistigen Auge die drei schwarzen Gestalten über die Stege gehen. Sie wissen ganz genau, wo die heiligen Orte sind. Sie sprechen und singen, sind ganz eins mit diesem Ort, sie beten ihre Götter an und versenken Opfergaben, um die Energien zu besänftigen und um Schutz für die Menschen zu bitten.

▸ Ein kleiner Hund kommt gelaufen, er begrüßt uns freudig und voller Vertrauen. Eigentlich sei Lilly zurückhaltender mit Fremden, erzählt uns ihr Herrchen. Aber die Offenherzigkeit scheint ansteckend zu sein, denn auch der Spaziergänger erzählt uns von seinem Leben, von seiner Arbeit und von seinen Lieblingsplätzen. Das Moor ist einer davon, täglich komme er hierher, um Ruhe und Entspannung, um Erdung und Ausgleich zu finden. Es sei jeden Tag anders, sagt er und deutet Richtung Untersberg, der hinter dem Högl gerade durch den Nebel schaut. Und bei jedem Wetter schön.

▹ *In den Mooren hat sich die Heilkraft der Pflanzen, Samen, Blätter, Früchte und Bäume über Jahrtausende durch biochemische Vorgänge verdichtet. Ihre besondere Heilwirkung war auch schon den Ägyptern und Griechen bekannt und sicher auch unseren Ahnen. Und so sind die Moore nicht nur mystisch, sondern immer auch Orte der Heilung.*

Die Sonne erhellt den Abend am Moor.

Ein Kohlweißling auf dem Wasserhanf

▸ Wer die positive Wirkung ausprobieren möchte, kann das im Moortretbecken in der Nähe des Observatoriums tun. Das Gefühl, bis zu den Knien in dem seidigen, weichen Morast zu versinken, ist einzigartig. Zugegeben: Ein bisschen Überwindung braucht es schon, denn die Schauermärchen sitzen tief. Und so wasche ich zusammen mit dem braunen Schlamm an der Wasserstelle anschließend auch einen Teil meiner mindestens kindlichen, vielleicht aber auch archaischen Ängste ab.

▹ *Als wir das Moorgebiet verlassen, drehe ich mich noch einmal um und verabschiede die Energie des Druiden. Ich bedanke mich dafür, dass ich etwas über diesen Ort erfahren habe, außerhalb von Informationstafeln und Geschichtsbüchern.*

Ab heute werden für mich Moore mehr sein als nur die Orte der Gruselgeschichten: Plätze der Heilung, der Meditation und der Transformation – einfach wunderbar magische Orte, die man aufsuchen kann, um sich heilen zu lassen.

Ritual
Meditationsreise zu deinem Inneren See

Meditieren heißt im klassischen Sinn, die Gedanken abzustellen und nur in der Ruhe und Stille zu sitzen. Da dies vielen Menschen schwerfällt, bieten wir hier auch eine geführte Meditation an. Auch dabei geht es um Entspannung, aber gleichzeitig um Visualisieren, Erkennen und Verändern.
In der beruhigenden Landschaft des Ainringer Moos kannst du einfach in der Stille sitzen oder die geführte Meditation mitmachen, die Vogelwarte ist ein geeigneter Ort, um dies zu tun, und die Energie des Moors unterstützt dich dabei.

Mache dir einen heiligen Raum: Ziehe in Gedanken einen schützenden Kreis um dich und rufe Lichtwesen, am besten Engel, dazu.

Schließe deine Augen. Atme mehrere Male tief ein und aus. Mit jedem Atemzug fällst du immer tiefer und tiefer. Du kommst ganz bei dir an. Alle Gedanken ziehen wie Wolken an dir vorüber. Für die Zeit der Meditation ist nichts mehr wichtig, du bist ganz bei dir. Jeder Atemzug führt dich tiefer und tiefer.
(Pause)

Du befindest dich auf einer Wiese. Du spürst das weiche und warme Gras unter deinen Füßen. Du gehst einen schmalen Pfad entlang. Alles um dich herum ist angenehm. Die Schmetterlinge fliegen von Blüte zu Blüte, die Vögel zwitschern und der Himmel über dir ist blau und

Mystische Stimmung über dem Moorsee von Ainring

wolkenlos. In der Ferne siehst du einen See, du weißt, dass du dorthin gehen möchtest. Wie sieht der Weg aus? Musst du über einen Hügel gehen, ein Hindernis überwinden? Liegt der See ober- oder unterhalb deines Standpunkts? Schau genau hin.

(Pause)

Jetzt machst du dich auf den Weg. Sollte es Hindernisse geben, findest du eine Möglichkeit, sie zu umgehen oder gar aufzulösen. Es ist wichtig, dass du zu deinem Inneren See gelangst.

(Pause)

Dann kommst du am See an und schaust dich um. Wie sieht er aus? Ist er klar oder trüb, hell oder dunkel? Wie ist die Landschaft? Gibt es Bäume und Pflanzen, sind Tiere an dem Ort?

Erwartet dich jemand? Lass dir Zeit, um deinen Inneren See zu entdecken und zu erkunden.

(Pause)

Hast du das Bedürfnis, etwas zu verändern? Möchtest du, dass dein See heller erstrahlt oder der Mond sich im Wasser spiegelt? Willst du dir einen speziellen Kraftort machen – Blumen oder Bäume pflanzen? Nimm dir Zeit, um deinen Inneren See so zu gestalten, wie du ihn gerne haben möchtest.

(Pause)

Du weißt, dass du jederzeit zurückkommen kannst, um etwas zu verändern oder einfach um dich auszuruhen und Kraft zu sammeln. Es ist ein Ort der Ruhe und Meditation.

Doch jetzt ist es Zeit, dich von dem Ort und seinen Wesen zu verabschieden und dich bei ihnen zu bedanken.

(Pause)

Du gehst den Weg zurück zur Wiese. Dort angekommen, legst du dich auf den weichen und warmen Boden und schließt die Augen. Du fühlst dich wohl und entspannt, die Zeit an deinem Inneren See hat dich gestärkt und ermutigt.

(Pause)

Alles, was wichtig ist von deinen Erlebnissen, nimmst du mit in dein Alltagsbewusstsein. Langsam bewegst du Hände und Füße, streckst dich und öffnest in deinem Tempo die Augen – kommst zurück ins Hier und Jetzt.

03

Der Weg des Lichts

Von Ulrichshögl über den Högl-Gipfel zum Johannishögl

4 h Gehzeit
12 km Länge
477 hm leicht

Blick von der Neubichler Alm auf den Johannishögl

Der Högl ist ein beliebter Aussichtsberg, dem Untersberg und dem Hochstaufen direkt gegenübergelegen. Schon in der Jungsteinzeit haben hier Menschen gesiedelt, sie haben hier ein Zuhause gefunden, ihren Lebensunterhalt gesichert, ihre Toten beerdigt. Zahlreiche archäologische Funde belegen dies. Hier werden sie wohl auch ihre Götter angebetet haben und wer zum Johannishögl kommt, wo zumindest bis in die Römerzeit ein Sonnenkult nachweisbar ist, kann diese Energie bis heute spüren.

Wegbeschreibung:

Unsere Wanderung startet an der Laurentiuskirche in Ainring. Wir überqueren die Ulrichshögler Straße und den Bach und gehen am anderen Ufer über die Stufen bergauf auf dem Kreuzweg Richtung Ulrichshögl. Wir erreichen eine etwas seltsam anmutende Antoniuskapelle, oberhalb derer wir uns links halten. Der Weg führt uns nach Ulrichshögl. An der Ulrichs-Kirche vorbei erreichen wir eine Kreuzung, an der wir nach rechts abbiegen. Kurz danach folgen wir dem Schild Richtung Stroblalm nach links.

An prächtigen Eichen vorbei erreichen wir den Wald und an dessen Rand finden sich rechts des Weges einige mit Seerosen geschmückte Fischteiche. Wir folgen dem Weg bergauf in den Wald und kommen an einem Brennholzverkauf vorbei. An der nächsten Kreuzung halten wir uns links weiter Richtung Stroblalm und ignorieren den nach rechts abzweigenden Weg. Dort gegenüber gehen wir aber zunächst für einige Meter nach links in den Wald und lassen die Atmosphäre auf uns wirken.

Anschließend gehen wir weiter in Richtung der Alm, nehmen aber die nächste Abzweigung nach rechts. Diesem Weg folgen wir bergauf, mehr oder weniger geradeaus. Die Abzweigungen nach rechts und eine nach links ignorieren wir und gehen weiter, auch wo der Weg ganz eng und steil wird und durch junge Tannen führt. Wenige Meter später stoßen wir auf einen Querweg, in den wir nach links einschwenken.

Bei der nächsten Gelegenheit gehen wir nach rechts bergauf und treffen auf den Stroblalm-Rundweg und biegen nach rechts ab. An einem Stein zweigt im spitzen Winkel ein schmaler Pfad nach links vom breiten Wanderweg ab. Wir erreichen eine Lichtung und gehen an deren rechten Rand weiter bergauf. Wir passieren einen Hochstand links von uns und gehen auf dem steinigen Pfad Richtung Högl. Wir verlassen den Weg, der nach links abbiegt und gehen geradeaus auf die Kuppe des Berges.

Anschließend biegen wir, nun wieder unterhalb der Kuppe, nach rechts ab. Oberhalb der Alm halten wir uns links und gehen auf einem breiten Weg. So nähern wir uns von hinten dem Sender. Sobald dieser in Sicht ist, halten wir uns links und gehen um das abgesperrte Gelände herum, bis wir die Zufahrtsstraße erreichen. Von dieser nehmen wir nach einer Rechtskurve die zweite Abzweigung nach links.

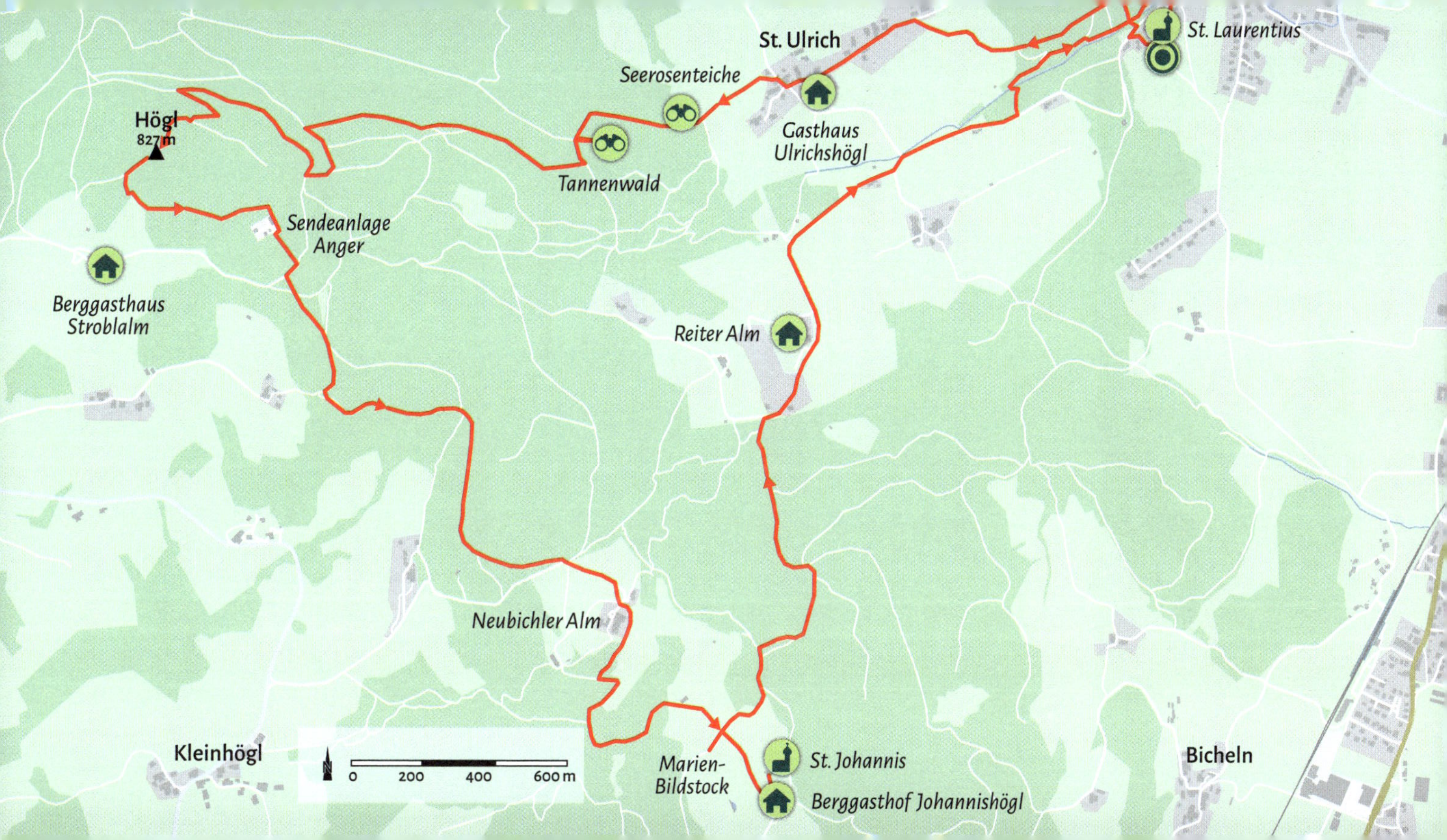
St. Ulrich
St. Laurentius
Seerosenteiche
Gasthaus
Ulrichshögl
Högl
827 m
Tannenwald
Sendeanlage
Anger
Berggasthaus
Stroblalm
Reiter Alm
Neubichler Alm
Kleinhögl
0
200
400
600 m
Marien-
Bildstock
St. Johannis
Berggasthof Johannishögl
Bicheln

Seerosen schmücken die Fischteiche.

Schilder weisen hier bereits Richtung Johannishögl.

Dem Hauptweg folgen wir an der Gabelung nach rechts bergab und anschließend können wir uns an den Beschilderungen orientieren, bis wir zunächst die Neubichler Alm erreichen. Zwischen dem Parkplatz und dem Gebäude zweigt der Wanderweg nach links ab. Dieser führt zu einem Querweg, der uns nach links bis zum Johannishögl führt.

Nach dessen Besuch gehen wir zunächst zurück und dann gegenüber des Marien-Bildstocks nach rechts. Immer den Schildern nach Ainring folgend machen wir uns nun auf den Rückweg. An der Reiter Alm vorbei wandern wir auf einem Sträßchen talwärts. Am Ortseingangsschild verlassen wir dieses nach links ins Bachtal und folgen dem Bach bis zum Ausgangspunkt.

Ausgangspunkt in 83404 Ainring:
Ulrichshögler Straße/ Am Alten Schulhaus

Wegbeschaffenheit:
Asphaltierte oder geschotterte Wege, Waldwege, der Aufstieg ist teils recht steil und nicht markiert

Am Weg:
Ulrichshögl, Högl-Gipfel, Johannishögl

Besonderheit:
Aussicht von Ulrichshögl auf Salzburg und das Salzachtal, vom Johannishögl auf den Untersberg

Einkehr:
Gasthaus Ulrichshögl, Berggasthof Johannishögl, Reiter Alm

Für das Ritual:
Zettel und Stift

Am Wegesrand findet sich überall der Frauenmantel.

▹ *Wolken umfangen mich und hüllen mich ein in eine liebevolle und entschleunigte Welt. Wir beginnen unsere Wanderung auf dem Friedhof der St.-Laurentius-Kirche in Ainring. Der Nebel, die leisen Tropfen auf meinem Gesicht und die Gräber führen mich in eine andere Welt. Auf den Hügeln am Ulrichs- und Johannishögl werden wir heute noch zwei weiteren Kirchen begegnen.*

Auf dem Ainringer Kreuzweg gehen wir in Richtung Ulrichshögl. Der Weg wurde Benedikt XVI. gewidmet, dem bayerischen Papst aus Marktl am Inn. „Ohne Wasser kein Leben, ohne Gott kein Segen", steht auf dem Brunnen in der Nähe der Kirche in dem kleinen Dorf Ulrichshögl. Vorbei an Apfelbäumen und mit Blick auf die Stadt Salzburg erreichen wir die Kirche, die dem heiligen Ulrich von Augsburg geweiht ist, der um 955 n. Chr. für die Befreiung seiner Heimatstadt gegen die Ungarn kämpfte. Ein wehrhafter und patriotischer Heiliger ist er, der vor allem in Bayern große Verehrung findet.

In der Nähe von Ulrichshögl stand einst die Burganlage des einflussreichen Geschlechts der Högler. Wie archäologische Funde beweisen, war das Gebiet des gesamten Bergzugs schon in der Jungsteinzeit besiedelt, vor den Bajuwaren und Römern gab es hier auch keltische Siedlungen. Der Ausblick rundherum in die Bergwelt und die erhöhte Lage waren zu allen Zeiten ein Schutz vor Feinden.

Der Untersberg in der Abendsonne, vom Johannishögl aus gesehen

Heidnische Traditionen werden auf dem Högl bis heute ebenso intensiv gepflegt wie jahrhundertealte christliche Bräuche: Im Januar und Februar soll das Aperschnalzen den Winter vertreiben und in der Karwoche ist den Ulrichshöglern seit mehr als 600 Jahren der Aufbau des Ostergrabes in der Kirche heilig. Jedes Jahr versammeln sich Männer des Dorfes, um die Heiligenfiguren vom Hochaltar zu nehmen und das Ostergrab aufzubauen. Mit Lichtern und Kugeln wird dieses Christusgrab gestaltet und so zu einem bunten, gelebten Volkskunstwerk.

▸ Wir genießen die Weite des Ausblicks, der sich uns selbst an diesem doch recht trüben Tag bietet. An klaren Tagen kann man von Ulrichshögl aus nicht nur das ganze Salzachtal überblicken, sondern in Richtung Norden auch bis zum Bayerischen Wald sehen. Ich bin enttäuscht, dass es so diesig ist, und denke darüber nach, ob wir die Tour nicht besser abbrechen sollten. Unser Ziel, der Johannishögl, ist doch ein Platz des Lichtes, der Wärme und der Sonne. Aber heute ist es kalt und es wird gar nicht richtig hell.

Als wir aus dem Dorf hinaus wandern, fängt es dann richtig zu regnen an. Aber die Natur erweist sich als unsere Freundin: Zwei große Eichen bergen uns unter ihren dichten Blättern. Die schönen Bäume stehen allein am Feldweg zwischen Dorf und Wald, als hätten sie hier als einzige allen Stürmen getrotzt.

Eine große Kreuzspinne lässt sich genau vor unseren Augen herab und von uns bewundern. Sie spinnt ihre Fäden in aller Ruhe und völlig unbeeindruckt von uns und dem Regen. Die Spinne, die Schicksalsweberin vor meinen Augen, erinnert mich daran, dass alles mit allem verwoben ist. Auch wenn ich Andrea eben noch vorschlagen wollte, diese Wanderung abzubrechen, vertraue ich nun darauf, dass alles seinen Sinn haben wird.

Und als würde der Regen mir beipflichten, lässt er auch schon nach. Wir bedanken uns bei den Eichen für ihr Blätterdach und setzen unsere Wanderung fort.

Gleich am Waldrand entdecken wir rechts des Weges kleine Teiche, auf denen Seerosen in voller Blüte schwimmen. Es ist der erste Lichtgruß an diesem Tag. Die wunderbaren Blüten, die jedes Wasser und jeden Schmutz abweisen, liegen auf dem dunklen Wasser und wir nehmen ihr Licht mit durch den Wald auf den Gipfel des Högls.

▹ *Wir gehen den Weg entlang eines mystischen Waldstücks. Hier war früher ein Sandsteinbruch und auch heute liegen noch einzelne Steine verstreut im Wald. Überall dort, wo Bergbau stattfindet, sind auch Zwerge zu finden. Zu gern gehen auch sie in den Berg, um Schätze zu holen und sie*

Die zwei schützenden Eichen hinter Ulrichshögl

Von den Eichen aus geht der Blick zurück auf Ulrichshögl.

zu hüten, und ich sehe sie vor mir durch den Wald laufen.

An einer Holzhütte geht es links in den Wald zu einem Baumkreis. Ich trete hinein und stelle mich in die Mitte. Nikola ist schon weitergegangen, aber ich muss diese Bäume bewundern. Mich ihrer Energie und ihrem Schutz hingeben. Immer wieder sehe ich auf dem Weg neben mir im Wald Buchen und Tannen, die sich in solchen Kreisen aufgestellt haben.

An einer besonderen Stelle gehen wir gemeinsam in den Wald. Es wirkt fast, als wäre hier ein alter Wall, und wir fragen uns, ob es eine Keltenschanze sein könnte. Der Baumnachwuchs besteht hauptsächlich aus Tannen. Obwohl sie den Fichten auf den ersten Blick ähnlich sehen, haben sie eine andere Ausstrahlung: Die Fichte ist ein wehrhafter Baum, die Tanne ist weicher und nachgiebiger – auch in ihrer spirituellen Energie. „Die Fichte sticht, die Tanne nicht", heißt ein leicht zu merkender Spruch. Und es gibt noch einen Unterschied: Riecht man an einem kleinen abgebrochenen Tannenzweig oder an einer Nadel, dann verströmen sie einen leichten Duft von Mandarine, der beruhigt und an Weihnachten erinnert.

▸ Auf dem Weg hinauf zum höchsten Punkt des Högls verschwindet das Licht noch einmal. Wir haben uns auf den ovalen Platz gesetzt, auf dem das Gipfelkreuz steht. Daran hängt ein vertrockneter Kranz, dem nicht mehr anzusehen ist, ob er aus dem Frühling stammt oder vom letzten Erntedank. Es ist, als würde mitten am Tag das Licht vollständig schwinden. Der Wald steht dicht und dunkel um den Gipfel herum und obwohl wir uns hier für eine Brotzeit niedergelassen haben, fühle ich mich an diesem Ort nicht wirklich willkommen.

Als wir weitergehen, wird uns klar, dass die Dunkelheit auch von dem nahenden Regen herrührt. Die Wolken öffnen sich und wieder danken wir dem Wald für seinen Schutz.

Aber es ist nicht nur der Regen: Der Berg spielt ein Spiel mit uns, Licht und Schatten, Verborgenes und Offensichtliches, Schein und Sein – wo Wege sein sollten, sind keine, wo keine Karte einen Pfad kennt, führen breite Forstwege durch den Wald.

Auf einem solchen Weg gehen wir auf den Sendemast zu, der etwas unterhalb des Gipfels steht. 157 Meter hoch ist das Bauwerk, das weit sichtbar in den Himmel ragt und mit riesigen Stahlseilen abgespannt ist.

Pfad unterhalb der Neubichler Alm

Als wir die derzeit nicht bewirtschaftete Neubichler Alm erreichen, liegt die Kirche auf dem Johannishögl vor uns, dahinter der Untersberg. Ich kann es kaum erwarten, hinüberzugelangen. Doch als wir dann unterhalb der Kirche den Weg hinaufwandern, lasse ich Andrea vorgehen und biege noch einmal ab. Mich lockt ein kleiner Platz rechts des Weges. Ein Stein mit einem Marienbild: Wie ein kleiner Garten lädt der Ort ein, sich hinzusetzen und den Anblick zu genießen: die Kirche, die Berge, die Blumen und der kleine Bildstock. Unter dem Johannishögl verweile ich einen Moment bei der schöpferischen Kraft der Jungfrau, bevor ich Andrea folge, die schon hinaufgegangen ist zum Sonnenkultplatz auf dem Högl.

▹ *Die Kirche ist Johannes dem Täufer geweiht, sein Gedenktag wird am 24. Juni gefeiert, also fast genau zur Sommersonnenwende. Als derjenige, der Jesus getauft hat, ist Johannes einer der wichtigsten frühchristlichen Heiligen und sein Name erscheint häufig dort, wo es sich um besonders wichtige alte Kultorte handelt.*

Auch in der Natur findet man den Namen des Heiligen: Die Johanniskäfer, die Glühwürmchen, sind vor allem in diesen Nächten Ende Juni zu sehen. Da fliegen die Männchen aus, um Weibchen zu finden, und sie leuchten ihren Partnerinnen den Weg. Und nicht zu vergessen das Johanniskraut, die strahlend gelbe Pflanze, die die Finger rot fär-

Die Johanneskirche am alten Sonnenkultplatz

Der Hochstaufen wird von der Abendsonne angestrahlt.

ben kann: Für mich ist Johannes mit diesen Bezügen zur Sommersonnenwende und dadurch zum alten keltischen Fest Litha ein Heiliger, der für Feuer und Initiation steht. Der alte Brauch, in diesen Nächten ein großes Lagerfeuer zu entzünden und sich darum zu versammeln, stammt aus der keltischen Zeit. Und so verwundert es auch nicht, dass hier am Johannishögl historische Zeugnisse eines Sonnenkults der Römer gefunden wurden, des Mithraskultes.

Ich setze mich auf die Bank vor der Kirche, werde ganz still und höre in mich hinein: „In der Johannisnacht brennt das Feuer der Hoffnung. Zündet euer Feuer an und lasst euer Herz erstrahlen. Bettet euch in Blumen und Moos und schaut in den Himmel. Die Sterne, der Mond, die Gestirne, sie zeigen euch den Weg zu eurem Glück. Hier, auf diesem Hügel mit Blick zu den Heiligen Bergen, findet ihr es. Kommt zu uns, und vertraut uns an, was euch glücklich macht. Wer seinen eigenen inneren Weg geht, der findet wahres Glück und Zufriedenheit."

Ich denke an die Grüne Frau der Kelten. Sie ist die Manifestation der weiblichen Sonnenkraft und steht mit dem Grünen Mann im Jahreskreis an der Sommersonnenwende, an der die Kelten das Fest Litha feierten. Die Grüne Frau ist es, die der Legende nach mit ihrer Kraft und ihrer Stärke Könige und Königinnen initiiert, über ein Land rechtschaffen und ehrenhaft

Das Marienmarterl steht unterhalb des Johannishögls.

zu herrschen. So betrachtet passt sie gut an einen Ort, der Johannes dem Täufer geweiht ist. Auch die Taufe ist ein Initiationsritus und das Evangelium erzählt, wie Jesus öffentlich in seine Bestimmung eingeführt wird.

Ich schaue hinüber ins Salzachtal, über die Grenze nach Österreich, in mein Heimatland. Über viele Hundert Jahre gab es hier keine Grenze, diese Regionen rund um Salzburg waren ein Land. Die Menschen in dieser Gegend erzählen uns häufig davon, dass ihre Heimat noch bis Anfang des 19. Jahrhunderts zu Salzburg gehörte, und an der ähnlichen Mentalität, demselben Dialekt, den Bräuchen und Trachten ist dies bis heute spürbar.

▸ Nach einem regnerischen Tag zeigen sich nun doch noch die Berge. Der Untersberg und der Hochstaufen stehen dem Högl direkt gegenüber und die beiden markanten Gebirgsstöcke am Rande der Alpen waren für die vorgeschichtlichen Menschen mit Sicherheit schon von spiritueller Bedeutung. So wie wir heute werden sie hierhergekommen sein und ihre Göttinnen und Götter, ihren Gott angerufen haben. Die Grüne Frau, Mithras, Maria, Johannes oder Jesus: Sie alle wollen die Menschen in ein Leben in Gemeinschaft und Verbundenheit, in Verantwortung füreinander und für die ganze Schöpfung initiieren.

Ritual
Initiation und Einweihung

Immer wieder begegnen wir im Laufe der Wanderung über die drei Högl-Hügel dem Thema Feuer, Sonne, Kraft und Initiation. Eine Einladung zu einem Ritual an den drei Orten.

Suche dir am Ulrichshögl einen Platz, wo du in Stille sitzen kannst. Nimm dir etwa fünf Minuten Zeit. Überlege dir, welche Initiation du erleben möchtest, welches Übergangsritual oder welche Einweihung oder welches Fest im Moment für dich wichtig wäre, um im Leben voranzukommen. Schreibe deine Visionen auf einen Zettel und beschäftige dich auch auf dem Weg zum Högl-Gipfel mit diesen Gedanken – nimm sie mit auf deinen Weg.

Beim Gipfelkreuz am Högl oder an dem Sendemast, je nachdem welcher Ort dich mehr inspiriert, setzt du dich hin und versuchst Kontakt zum Geist des Ortes aufzunehmen. Versuche es, auch wenn du so etwas noch nie gemacht hast. Schließe deine Augen, ziehe in Gedanken einen goldenen Schutzkreis um dich und hole dir einen

Die Kreuzspinne lebt unter den beiden schützenden Eichen.

Engel oder ein Krafttier dazu. Dann warte ab, ob du etwas hörst oder siehst, einen Duft wahrnimmst. Vielleicht hast du eine Körperempfindung oder eine Emotion, vielleicht hörst du ein Wort oder einen Satz oder siehst eine Farbe oder sogar ein Wesen. Lass dir Zeit, auch wenn gar nichts passiert, ist es in Ordnung. Der Geist des Ortes wird dich in deiner Initiationsarbeit unterstützen und dir Informationen und Hilfe anbieten. Schreibe auf, was du erlebt hast, und bedanke dich beim Geist des Ortes mit einer Münze, einer Blume oder einem besonderen Stein.

Am Johannishögl angekommen, ist es dann soweit, dort kannst du deine Initiation manifestieren. Stelle oder setze dich vor die Kirche oder zur Esche hinter der Kirche und visualisiere dein Fest, deine Einweihung. Schließe die Augen und stelle dir vor, was du auf deinen Zettel geschrieben hast: Wer führt dich, wer schützt dich? Sind Gäste eingeladen? Und vor allem: Wie geht es dir dabei?

Hole dir den Segen des Johannishögls dazu – der Heiligen, der keltischen Göttinnen und der Naturwesen – und lasse dich von deinen Visionen führen. Vorstellen und visualisieren heißt manifestieren und ins Leben holen. Schließe dein Ritual ab, indem du dich beim Ort und seinen Wesen für ihre Hilfe und Unterstützung bedankst. Und wenn du magst, dann feiere deine Initiation und Einweihung, dein ganz persönliches Fest auch im wahren Leben.

Das Johanniskraut, das nach dem heiligen Johannes benannte Heilkraut

04

Der Weg der Seerosen

Von Anger zum Kloster Höglwörth

2:30 h Gehzeit
9,5 km Länge
150 hm leicht

Die Einheimischen lieben das Kloster Höglwörth und seinen See.

Wir haben während unserer Recherchen eine Woche in Anger gewohnt und wir fühlten uns in dem kleinen Ort vom ersten Moment an willkommen. Wir sind mit vielen Menschen ins Gespräch gekommen, viele haben uns ihre Geschichten erzählt und als sie hörten, warum wir da sind, haben alle uns ihre Lieblingsorte genannt. Und einer war immer dabei: Höglwörth und der gleichnamige See. Unsere Vermieterin ist jeden Tag mit ihren Walking-Stöcken dorthin aufgebrochen und sie hat recht, wenn sie sagt, dass der Ort bei jeder Tageszeit, in jeder Jahreszeit anders ist. Ein wahrhaft mystischer Ort.

Wegbeschreibung:
Zu Beginn der Wanderung besuchen wir die Kirche Mariä Himmelfahrt in Anger, die hoch oben auf dem Nagelfluh-Felsen steht. Anschließend gehen wir über den Dorfplatz und an der Mariensäule vorbei geradeaus in den Klosterweg. Bei nächster Gelegenheit biegen wir nach rechts ab und nehmen den unteren Weg weiter nach Höglwörth.

Dort besuchen wir zunächst das ehemalige Kloster und seine Kirche, im Anschluss überqueren wir hinter dem Kloster die Brücke und beginnen unsere Runde um den See. Nachdem wir diesen umrundet haben, gehen wir über den Parkplatz und weiter in den Mooshäuslweg. Dieser führt uns um ein Moor herum und dann später an einem Bach entlang bis zu einer Querstraße, in die wir nach links abbiegen.

Auf der kleinen Straße wandern wir bis zur Brücke über den Schornbach. Davor führt ein Weg nach links abwärts zurück zum See. Dort biegen wir nach rechts ab und wandern das Stück bis zum Klosterweg ein zweites Mal.

Wer nicht den gleichen Weg nach Anger zurücknehmen möchte, nimmt hier die Abzweigung nach rechts bergauf Richtung Stockham. Dort biegen wir an der T-Kreuzung nach links ab, gehen bis zu den ersten Häusern von Anger und nehmen dort die Hochkreuzstraße nach links, die uns wieder zum Klosterweg führt. Dort rechts abgebogen, erreichen wir wieder den Dorfplatz.

Ausgangspunkt in 83454 Anger:
Dorfplatz

Wegbeschaffenheit:
Bequeme asphaltierte oder geschotterte Wege

Am Weg:
Das laut Ludwig I. von Bayern „schönste Dorf Bayerns“, die auf einem Nagelfluh-Felsen stehende, weithin sichtbare Kirche Mariä Himmelfahrt in Anger, Kloster Höglwörth

Einkehr:
Klosterwirt Höglwörth, Gastronomie Anger

Höglwörther Moor
Seebad Höglwörth (Wasserpark)
Höglwörther See
Klosterwirt Höglwörth
St. Peter und Paul
Geistermühle
Höglwörther Seebach
A8
Stoißer Ache
Mariensäule
Mariä Himmelfahrt
Anger
0
200
400 m

Vom Moor aus gesehen liegt das Kloster vor dem Hochstaufen.

▹ *Die Pfarrkirche St. Mariä Himmelfahrt in Anger ist schon von Weitem zu sehen. Die gotische Kirche, die auf dem Nagelfluh-Felsen über dem Dorf Anger steht, reckt ihren schmalen Turm in den Himmel – er erinnert mich an den mahnenden Finger Gottes. Bevor wir den Weg zum Kloster Höglwörth beginnen, steigen wir die steilen Stufen hinauf zu dieser speziellen Kirche. Ich blicke hoch zu dem schlanken Kirchturm und sehe vor meinem geistigen Auge Flammen lodern wie an einem Brandopferplatz der Kelten, an einem alten mystischen Kraftort: loslassen – verbrennen – weitergehen. Fast erscheint es mir, als hätte die Offenheit und Freundlichkeit der Menschen in Anger mit dieser Energie des Loslassens zu tun: offen sein für Neues und keine Angst vor Veränderung haben. Anger und seine freundlichen Menschen machen etwas mit uns, ein Stück ihrer Offenheit nehmen wir jeden Tag mit auf unsere Wanderungen.*

▸ Wir wohnen für eine Woche unterhalb der Kirche auf einem Bauernhof und der alte Bauer erzählt uns, dass auf seinem Feld keltische Hügelgräber liegen. Er ist stolz darauf und sich der Ehre bewusst. So wie diese Gräber beweisen viele historische Funde rund um den Högl, dass hier schon seit der Steinzeit Menschen gesiedelt haben.

Ludwig I. hat Anger einst als „schönstes Dorf" Bayerns bezeichnet. Die Angerer sind sich sicher, dass es vor allem ihr Dorfplatz war, der den Bayernkönig zu dieser Überzeugung gebracht hat. Die Häuser gruppieren sich um eine große grüne Wiese, auf der eine goldene Marienstatue steht. Heute führt eine Straße rund um den Dorfplatz, parkende Autos stören das Bild. Dass Anger ein besonderer Ort ist, das haben wir auch erfahren dürfen, und auf jeden Fall ist die Dorfwiese sehr speziell und sehenswert. Die Angerer jedenfalls sind stolz auf ihr Heimatdorf und in ihrem Selbstbewusstsein sind sie naturverbunden, gastfreundlich und aufgeschlossen.

▹ *Das Kloster auf der Halbinsel beeindruckt uns schon aus der Ferne. Ich gehe über die Brücke und durch den Durchgang in den Kirchhof und dort fallen mir als Erstes ganz besondere alte Bäume auf. Sie erscheinen mir heilig und sie können und möchten gerne berührt werden. Ich beobachte zwei Frauen, die dies machen. Lächelnd gehe ich an ihnen vorbei*

Der heilige Nepomuk und der Grüne Mann im Hof des Klosters

und in den Hof des ehemaligen Klosters, das im ersten Moment eher an eine mittelalterliche Burganlage erinnert. Still und ursprünglich liegt der Platz vor mir. Ich gehe bis zu dem Brunnen und lasse mich von der mystischen Energie einhüllen. Erdend und harmonisch ist es hier, ich fühle mich ruhig und zufrieden.

Mit diesem Gefühl betrete ich die Kirche, die den Heiligen Peter und Paul geweiht ist. Es riecht modrig und alt und die Kirche erzählt mir von einem alten Kraftplatz, von einem Totenkult und von einem Ort des Übergangs, wo die Seelen verabschiedet und in die andere Welt entlassen werden. Im Seitenaltar steht eine schwarze Madonna mit Kind. Ich bin wieder einmal fasziniert von der besonderen Ausstrahlung dieser Darstellung der Muttergottes mit schwarzer Hautfarbe, die als beson-

ders wundertätig beschrieben wird. Für mich ist sie an diesem Ort Abbild der Göttinnen des Übergangs, der Göttin Hel und der Berggöttin Percht.

▸ Kloster und Stiftskirche lagen früher auf einer Insel, der erst die Versandung einen direkten Zugang zum Festland verschafft hat. Daher stammt auch der Name, denn „Wörth" ist ein altes Wort für Insel. Die älteste Bauphase der Kirche stammt aus der Romanik im 12. Jahrhundert, die jüngste aus dem späten Rokoko. Gegründet wurde das Kloster als Augustiner-Chorherrenstift – es war das kleinste und ärmste im Fürstbistum Salzburg, zu dem die ganze Region bis 1810 gehörte, bevor sie dem Königreich Bayern zufiel. Anders als alle anderen Klöster in Bayern blieb Höglwörth von der Säkularisation unberührt, durch die Anfang des 19. Jahrhunderts alle geistlichen Kurfürstentümer und Fürstbistümer aufgelöst und die allermeisten Stifte, Abteien und Klöster aufgehoben wurden. Trotzdem beendete der damaligen Höglwörther Probst die Geschichte des Klosters 1817. Der Wald ging an den Staat, das Kloster wurde von der Brauereifamilie Wieninger gekauft, in deren Besitz es bis heute ist.

Die Seerosen an der Holzbrücke über den Klostersee

Das Bootshaus am ehemaligen Kloster

▹ *Die Holzbrücke über den See ist wie ein Übergang in die Anderswelt. Seerosen bedecken das Wasser. Die mystischen Pflanzen, die aus dem Sumpf des Seebodens bis an die Wasseroberfläche wachsen, immer in der Hoffnung, dass sie irgendwann vom Dunkel ins Licht gelangen, stehen für mich für Ausdauer und Durchhaltevermögen. Und für die Schönheit, die sich zeigt, wenn alle Anstrengungen schließlich zum Ziel führen. Vollendet und makellos schwimmen die weißen und rosafarbenen Blüten auf dem See unter mir.*

An diesem Tag schweben Nebel über den See, und die Klosterinsel erinnert mich an die Erzählungen vom legendären Ort Avalon. Ich sehe Priesterinnen, die die Barke in den See senden, wo sich die Seele vom Körper und in die Anderswelt verabschiedet.

▸ Wir waren mehrmals am See, wir haben ihn aber interessanterweise intuitiv immer gegen den Uhrzeigersinn umrundet. Links herum zu gehen hat eine andere Wirkung als rechts herum, es führt ins Innere, in die Ruhe und in die Meditation, und so erleben wir die besondere Energie des Sees auch dadurch.

Für diese Wanderung schließen wir an die erste Runde eine zweite an, die das Moor gleich hinter dem Klostersee mit einbezieht. Für die Kelten waren Moore nachweislich Orte, an denen ihnen der Zugang zu ihren Göttern besonders leicht erschien. Moore waren deswegen häufig Opferstätten, an denen die Menschen Waffen, Schmuck oder auch Münzen darbrachten, um ihre Gottheiten zu ehren, diesen zu danken oder ihre Bitten an sie heranzutragen.

Am ehemaligen Mühlbach entlang erreichen wir wieder den See, an der Stelle, an der früher die Bäckermühle gestanden hat, die im Volksmund auch die „Geistermühle" genannt wird.

▹ *Es ist, als ob die Geister und Seelen uns begleiten. Dieser See fordert uns auf, die Anderswelt zu besuchen. Die Schleier heben sich, und wir können für einen kurzen Augenblick dahinter blicken. Hinter der Brücke über den Mühlbach gehe ich instinktiv hinunter in den Wald in Richtung Wasser. Die Bäume stehen hier in Kreisen zusammen. Wo der Bach in den See mündet, neigen sie sich ins Wasser. Ich fühle mich getragen von den Elementen Erde, Holz und Wasser, die hier eine Einheit bilden, und ich lasse mich in die Realität hinter der Realität geleiten.*

▸ Ungefähr auf der Höhe der Mühle, dort etwa, wo an einem Baum das geschnitzte Bild einer Schutzmantel-Madonna hängt, liegt ein

In der Nähe der Schutzmantelmadonna liegt der Elfenstein im See.

Der Mühlenbach

Elfenstein im Wasser. Die dazugehörige Sage bestätigt unseren Eindruck, dass dies ein Totensee ist: Sie erzählt von einem alten Müller, dessen Tochter vor langer Zeit ertrunken ist, als sie am Elfenstein Seerosen pflücken wollte. Sein ganzes Leben war der Müller immer wieder auf den See gefahren, um in Gedenken an seine früh gestorbene Tochter Seerosen zu holen.

Nach seinem Tod wollte ihm seine kleine Enkelin eine Seerose mit auf den Weg ins Paradies geben, die er seiner geliebten Tochter mitbringen könnte. Die Kleine fuhr nachts auf den See – und am nächsten Morgen musste man sie tot aus dem Wasser ziehen, eine Seerose in ihrer Hand. Wer in einer Sommernacht hier spazieren geht, kann noch heute zwei Lichter am Elfenstein tanzen sehen.

▹ *Wir gehen am See entlang und das Gesicht der Insel und das der Gebäude verändern sich ständig. Immer wieder schaue ich hinüber und jeder Anblick ist anders. Das Wasser, die Farben, die Fassaden: jedes Mal neu.*

Der See wird heller, die Bäume lichter und die Blicke auf das Kloster freier und leichter. Fast ist es so, als wäre man wieder zurück in der Realität, im Hier und Jetzt.

An der Badewiese der Einheimischen sitzen zwei Frauen auf einer Bank. Wir kommen ins Gespräch, eine der beiden wohnt ganz in der Nähe. Sie

Hier mündet der Bach in den Klostersee.

hält die historischen Führungen in der Kirche. Wir haben das Gefühl, dass sie eins ist mit diesem Ort: Mit Herzenswärme und Engagement erzählt sie uns, dass schon manchmal unerklärliche Dinge passiert sind, während sie in der Kirche war.

▸ Und dann bin ich noch einmal zum See gegangen und habe mich an einem spätsommerlichen Nachmittag unter die meist einheimischen Menschen gemischt, die sich an der öffentlichen Badewiese eingefunden hatten. Wie sie bin ich schwimmen gegangen und es fällt mir schwer, das Gefühl zu beschreiben, das ich dabei hatte. Denn einerseits habe ich es sehr genossen, wie leicht und friedlich die Atmosphäre war, wie freundlich und zugewandt die Menschen untereinander. Andererseits wollte mir der Gedanke nicht aus dem Kopf, ob es nicht eine Art Sakrileg wäre, in diesen See zu steigen, der mir doch bei den anderen Besuchen als so mystisch erschienen war. Wie die Einheimischen auch, bin ich genau auf den äußersten Punkt der Halbinsel zu geschwommen. Alle tun das, so als wären im Wasser Bahnen gekennzeichnet, die man nach rechts und links nicht verlassen darf. So als wären sich bei aller sommerlichen Leichtigkeit doch alle bewusst, dass dies nicht irgendein Badesee ist, sondern ein heiliger Ort.

Menschen hinterlassen ihre Zeichen in der Natur.

Die Seerosen im Höglwörther See

Ritual
Deine Herzpflanze

Am Höglwörther See mit der mystischen Klosterinsel erzählt uns die Legende von den Seerosen und ihrer spirituellen Bedeutung für die Menschen. Die giftige Pflanze ist hier die Botin der Anderswelt und führt die Menschen ins Jenseits. Pflanzen intuitiv zu begreifen, ihre Signatur zu lesen, ist eine schamanische Tradition, sich der Natur zu nähern. Pflanzen, die dir vermehrt auffallen, haben etwas mit dir zu tun, sie stehen mit dir in einer speziellen Verbindung. Vielleicht brauchst du ihre Heilwirkung und ihre Signatur tut deinem Wesen gut.

Pflanzen haben ihre je eigene Signatur. Ihre Stiele, Dornen, Stämme, Borken, ihre Blüten haben unterschiedliche Farben, ihre Blätter haben eine unterschiedliche Struktur und Oberfläche: Sie sind haarig, glatt, rau, gepunktet, geädert. Dies alles erzählt uns etwas über die Pflanze und ihre Wirkung auf den Menschen. Das Lungenkraut beispielsweise hat seinen Namen aufgrund seiner Ähnlichkeit zu den Lungenflügeln und es wirkt heilend auf dieses Organ. Und da die Lunge für die Trauer steht, hilft es auch bei der Trauerarbeit. Der Frauenmantel erinnert von seiner Blattform an einen Mantel und ist durch seinen hohen Östrogengehalt ein Frauenkraut und eine Art Verjüngungsmittel. Das Johanniskraut mit seinen leuchtend gelben Blüten steht für die Sonnenkraft und wirkt auf das Sonnengeflecht, den Solarplexus des Menschen. Es ist ein natürliches Antidepressivum und macht interessanterweise die Haut empfindlich gegenüber der Sonne.

Mit dieser Übung kannst du auch wunderbar deine intuitiven Fähigkeiten spüren und verbessern: Welche Pflanze fällt dir auf dem Weg um den See vermehrt auf? Wenn du weißt, welche es ist, dann setze oder stelle dich zu ihr und nimm Kontakt auf, betrachte sie mit all deinen Sinnen. Lass sie auf dich wirken. Nimm dir mindestens fünf Minuten Zeit: Betrachte sie, rieche, taste, begreife die Pflanze in ihrem ganzen Wesen. Schreib deine Erkenntnisse auf. Vielleicht fällt dir sogar eine kurze Geschichte zu der Pflanze ein oder du möchtest ihr deinen eigenen speziellen Namen geben.

Du kannst diese Übung immer wieder machen und dich dadurch deinen Lieblingspflanzen auf eine ganz besondere und verbindende Art nähern.

Von alten Bäumen eingerahmt steht die Kirche auf der Insel.

05

Der Weg des Untersberggeistes

Zur Höhle an der Fürstenbrunner Quelle

1:30 h Gehzeit
2,5 km Länge
200 hm schwer

Blick aus dem Inneren der Grasslhöhle

Du bist entweder am Untersberg, oder du bist es nicht. Es gibt kein Dazwischen, keine Halbherzigkeit. Der Berg verlangt denen, die sich ihm nähern, zwar vieles ab, aber er gibt noch viel mehr zurück. Und so ist auch diese Wanderung zwar eine körperliche Herausforderung, die allerdings auf die kurze Distanz sehr viele Geschenke bereithält: Zeugnisse des Abbaus des sogenannten Untersberg-Marmors, Graffitis im Hochgebirge, eine rote Höhle und ein Wasserschloss.

Die steile Trasse führt uns hinauf.

Wegbeschreibung:

Auf dem Brunntalweg gehen wir auf den Untersberg zu. Sobald man das letzte Haus passiert hat, steht man zwei großen Felsen gegenüber, hinter denen sich links der Bach und ein Wasserfall verbergen. Wir gehen zwischen den beiden Felsen hindurch und dann nach rechts bergauf. Dort trifft man auf eine Trasse, die steil hinaufführt. Hin und wieder ist erkennbar, dass über diese Trasse früher das Gestein ins Tal transportiert wurde.

Der Weg ist nicht lang, aber extrem steil. Wir gehen immer geradeaus hinauf, bis wir zwischen zwei gemauerten Blöcken hindurch müssen. Hier können wir vorher ein paar Stufen nach rechts hinauf und bis zu einem abgesperrten alten Steinbruch gehen. Zurück an den Blöcken nehmen wir den Weg in die andere Richtung, also von unten kommend nach links. Auf gleicher Höhe gehen wir bis zu einem weiteren stillgelegten Steinbruch, rechts direkt neben dem Weg. Graffitis zeugen davon, dass immer wieder Menschen hierherkommen.

An diesen Bemalungen müssen wir vorbei, direkt danach zweigt unser Pfad nach links abwärts auf ein kleines Geröllfeld ab. Auf diesem halten wir uns links und erreichen von oben die Grasslhöhle.

Unterhalb der Höhle erkennt man rechts die Bauten an der Fürstenbrunner Quelle und wir gehen oberhalb dieser vorbei. So erreichen wir den breiten Weg an der Quelle, der uns nach rechts talwärts führt und bald die Karlsohr-Höhle passiert. Auf diesem Weg wandern wir

Fürstenbrunn

Gasthof Fürstenbrunn

Rotwildfütterungs-
anlage

Untersbergmuseum

Felsentor

Karlsohr-
Höhle

Fürstenbrunner Quelle

Grasslhöhle

Verlassener Steinbruch
Fürstenbrunn

Steinbruch

0 100 200 m

bequem weiter, bis wir links an eine Wildfütterungsstelle kommen. Noch vor den Hütten biegen wir nach links ab und erreichen am Kugelmühlweg zunächst eine kleine Kapelle und dann das Untersbergmuseum.

Ausgangspunkt in A-5082 Grödig-Fürstenbrunn:
Brunntalweg

ÖPNV:
Bushaltestelle „Fürstenbrunn Buskehre"

Wegbeschaffenheit:
Kurze, aber dennoch anstrengende Wanderung. Extrem steiler Aufstieg, bei Nässe und Schnee rutschig und nicht zu empfehlen. Der Abstieg zur Grasslhöhle führt über ein kurzes, aber steiles Geröllfeld: nur für Geübte! Ab der Grasslhöhle leichter Rückweg

Am Weg:
Kleiner Wasserfall gleich zu Beginn, Grasslhöhle, Fürstenbrunner Quelle, Karlsohr-Höhle, Rotwildfütterung, Untersbergmuseum

Tipp:
Wegen der Lage im Norden des Untersbergs am besten für eine Nachmittagsrunde geeignet

Einkehr:
Gasthof Fürstenbrunn

Für das Ritual:
Zettel und Stift

Graffiti im ehemaligen Bergwerk

Ein Herzstein

▸ Es gibt kein Zögern und kein Zweifeln. Als wir vom Ende der kleinen Straße aus die beiden Felsen sehen, wissen wir, dass wir dort hindurchgehen müssen: Es ist fast wie das Tor in den Untersberg, zumindest aber ein Eingang in eine andere Welt. Das Rauschen des Baches, der hier in Kaskaden den Berg hinunterspringt, seine Farbe, die Steine und das Moos überall: Es ist betörend und vitalisierend. Ich steige ein Stück das Bachbett hinauf. Aus einem Felsen im Wasser ist ein Stück herausgebrochen. Dort, wo die Bruchstelle ist, fehlt das Moos und das Gestein hat eine rötliche Farbe. Ich erkenne ein Herz – ein Herz aus Stein oder ein Stein mit Herz.

Der Untersberg hat uns in sein Reich eingelassen. Keine Vorbereitung, kein Geplänkel, keine Annäherung. Der Weg führt über eine Trasse, über die früher der Untersberg-Marmor auf Loren in die Ebene geschafft wurde. Selbst eine Pause einzulegen, ist schwierig, weil man keinen Standpunkt finden kann, auf dem die Füße halbwegs eben zu stehen kämen. Dieser Weg kennt nur eine Richtung: nach oben.

▹ *Wir befinden uns hier oberhalb der tiefen Schlucht, die der Bach gegraben hat, und es zieht mich zu einem besonderen Stein, in dem ich eine Gestalt erkenne. Die Weise Alte steht hier im Wald und begrüßt mich. Sie ist die Alte im Reigen der weiblichen Dreifaltigkeit. Sie steht für Weisheit und so umfängt sie mich mit ihrer Liebe, die nur ein alter*

Die Treppe führt zum alten Bergwerk

Mensch geben kann: die Liebe, die schon alles erlebt hat und so endlich bedingungslos und ohne Erwartungen lieben kann. Ich bin von ihr fasziniert und lasse mich einhüllen und höre ihre Worte: „Willkommen, meine Töchter, an meinem Stein. Ich bin die Weise Alte. Die Drei ist meine Zahl. Mit mir schließt sich der Kreis des Lebens. Schwarz zu weiß und weiß zu schwarz. Der Zyklus ist beendet. Bei mir ist Heimat und Geborgenheit.“

▸ Es zieht uns nach oben – wie Luft in einem Kamin. Zwischen den enger werdenden Felsen ist es wie in einem Sog und obwohl es so anstrengend ist, fühle ich mich leicht und getragen. Ich will hinauf. Fast habe ich den Eindruck, als hätten wir Unterstützung. Zwerge gelten als die Bergleute unter den Naturwesen. Und in meiner Fantasie sehe ich kleine Gestalten herumwuseln. Sie amüsieren sich über unsere Mühe, auf dem steilen Weg hinaufzusteigen, sie winken und motivieren uns: „Kommt weiter, ihr schafft das auch, es ist nicht mehr weit.“

▹ *Das Rauschen der Bäche in den Tälern rechts und links wird leiser. Der Weg ist jetzt auf beiden Seiten von Felswänden umgeben und er erscheint wie ein Geburtskanal, den wir durchschreiten. Es ist reinigend und die Steine des Untersbergs nehmen uns alles ab, was wir nicht mehr brauchen. Alles ist geprägt von der Weisheit der Steine, die über Millionen von Jahren so viel gesehen haben.*

Der Untersberg. Er ist der Veränderer der Herzen. Er lässt keine Ruhe, bis man sich ein Stück weiterentwickelt hat. Er ist immer etwas ungemütlich und trotzdem gibt es kaum einen Berg, der so anziehend ist und so viel Schutz bietet. Aber nur für diejenigen, die bereit sind, Schritte zu gehen, Herzensschritte für die Entwicklung der Seele. Ein Herz- und Seelen-Berg. Hier hat sich schon einmal meine Zukunft entschieden. Und heute auf diesem Weg an seiner Nordseite ist er wieder eine Herausforderung und Offenbarung zugleich.

▸ Als wir endlich eine Art Plateau erreichen, spüre ich zwar meine Muskeln, aber müde bin ich nicht. Dieses Streben nach oben habe ich trotz der Anstrengung als sehr vitalisierend empfunden. Wir schauen uns um und erreichen den Zaun zum alten Bergbaugebiet. Es ist ganz still, die Natur hat sich den Ort zurückerobert.

Neben die Höhle hat jemand tibetische Gebetsfahnen gehängt.

Von der schweren Arbeit zeugen nur noch die schmalen Trassen, die hier oben noch deutlicher sichtbar sind als beim Aufstieg. Der Platz ist eigenartig schön, die Kombination aus dem archaischen Berg und menschlicher Arbeit gibt ihm eine besondere Wärme – vielleicht, weil man hier die Reste von Häusern und Bebauungen erkennen kann.

Das ist auch ein paar Schritte weiter erlebbar: Auf den fast ebenen Wänden eines ehemaligen Abbaus haben sich Künstler verewigt. Moderne Felsenmalerei: ein Herz, eine Spirale – heilige Symbole mit Sprühfarbe auf dem heiligen Berg, direkt unterhalb des Hochthrons.

Wir verlassen die Bilder und setzen uns wieder der Wildnis aus. Es geht nun bergab über ein kleines Geröllfeld zur Höhle. Sie liegt am Fuße einer gewaltigen Steilwand.

▹ *Und da steht sie: Vor meinem geistigen Auge sehe ich die Schamanin, die Heilerin, vor dem Eingang der Höhle stehen. Ich nähere mich, gebe mich ganz der wilden, ursprünglichen Energie des Ortes hin. Die vielen Zeichen der Menschen, die hier Rituale durchführen, begleiten mich in die Höhle, wo der Boden fast komplett von einer Spirale aus Steinen bedeckt ist.*

Wie man das so macht, versuche ich ins Innere der Spirale zu gehen, rutsche aber auf dem schrägen, glitschigen Höhlenboden aus und kann einen Sturz gerade noch abfangen. Ich bin ohne Schwierigkeiten bis hierhergekommen, aber an diesem Platz, wo der Mensch in die Natur und in die Heiligkeit dieses Ortes eingegriffen hat, wäre ich fast gefallen. Nachdenklich verlasse ich die Höhle und vertraue mich der Energie der Schamanin an.

In ihrem Schutz sehe ich mir den Vorplatz genauer an. „I was here": Handabdrücke, Fußabdrücke, Spiralen, Einritzungen, Steinmännchen, Kerzen, Blumen, Gebetsfahnen. Hier haben sich die Egos der Menschen verewigt, um nur ja nicht vergessen zu werden.

Zwischen den Felsen hindurch geht es wie durch einen Geburtskanal.

Der Boden vor der Höhle ist rot gefärbt.

▸ Ich freue mich wie ein Kind, als ich mich bücke und meine Handflächen auf den feuchten Höhlenboden drücke, bis sie mit rotem Lehm bedeckt sind. Als ich mich wieder aufrichte, sehe ich Andreas skeptischen Blick. Aber da sind meine Hände schon ganz rot. Ich musste es einfach tun, die Farbe der Erde ist so außergewöhnlich, dass ich es fühlen und auf meiner Haut sehen wollte.

Und nun gehe ich hinaus und presse die Hände an ein Stück des Felsens, das noch nicht mit Zeichen bedeckt ist. Ich will mich hier nicht verewigen, ich will mich verbinden. Für mich ist diese rote Farbe auf meinen Händen eine Erinnerung an all die Menschen vor uns, die mit Rötelfarbe aufgemalt haben, was ihnen bedeutsam und heilig war.

Ich kann nicht gut zeichnen und so drücke ich also nur meine Hände auf den Fels. Die Erde bildet die Verbindung zwischen dem Berg und mir, vereinigt uns. Für mich ist dies kein Akt der Selbstdarstellung. Der Abdruck meiner Hände ist so klein auf der gigantischen Felswand und diese Dimension allein macht mich demütig. Und ich denke an den Spruch, mit dem ich mir früher an Aschermittwoch das Kreuz auf die Stirn habe malen lassen: „Gedenke, dass du Staub bist, und zum Staub kehrst du zurück."

▹ *Ich gehe noch mal in die Höhle zurück und lasse mir das Wasser, das von der Höhlendecke wie aus einer Quelle rinnt, auf den Kopf tropfen und fühle mich, als würde ich getauft. Vom Höhlengeist des Untersbergs und von der Schamanin. Ich denke an meine keltischen Vorfahren, an meine schamanischen Wurzeln und bitte um den Segen der Natur, der Felsen, der Berge und des Wassers. Ich rufe die Berggöttin, die hier in den Alpen die Percht oder Berchta ist, und bitte sie um ihren Beistand und ihre Begleitung.*

In der Höhle hinterlassen Menschen ihre Zeichen.

Das Wasser schimmert golden.

▸ Etwas unterhalb der Höhle liegt das sogenannte „Wasserschloss". 1875 wurde hier die Fürstenbrunner Quelle eingefasst, die die Stadt Salzburg für lange Zeit mit Trinkwasser versorgte. Das Mauerwerk trägt völlig zu Recht seinen Namen, denn es sieht aus wie das Tor zum Schloss des Untersberggeistes, der den Menschen das Wichtigste schenkt, was er geben kann, nämlich das Wasser.

Es gibt viele Erzählungen davon, dass es am Untersberg Zeitlöcher gebe, in die Menschen verschwinden, nur um irgendwann in einer anderen Zeit wiederaufzutauchen. Als wir diese Runde beenden, stellen wir fest, dass wir für die zweieinhalb Kilometer kurze Strecke fast vier Stunden gebraucht haben: so viele Erfahrungen und Erlebnisse, so viele Geschichten und Naturbegegnungen, an die uns der Geist des Untersberges herangeführt hat. Und uns wird wieder einmal bewusst, wie leicht es ist, an diesem Berg aus der Zeit zu fallen – geradewegs ins Hier und Jetzt.

Ritual
Intuitionsübung „Naturwesen"

Auf diesem Weg zum ehemaligen Steinbruch am Untersberg ist es leicht, mit Naturwesen in Kontakt zu treten. Egal ob du daran glaubst oder nicht: Fantasievoll und inspirierend ist diese Übung allemal.

Suche dir einen speziellen Ort am Weg: Wo zieht es dich hin, wo ist für dich das Licht ganz besonders, wo gibt es eine spezielle Steinformation? Wähle deinen Ort intuitiv aus. Setze dich dort allein hin und gehe bewusst mindestens zehn Minuten in die Stille. Rede nicht, iss nicht, trinke nicht. Konzentriere dich auf den Ort und auf das, was dir dort begegnet. Schau dich um: Siehst du Pflanzen, Tiere oder spezielle Steine? Was sagen sie dir? Schließe die Augen und schau – über dein drittes Auge – nach innen, und nimm deine Umgebung intuitiv wahr. Vielleicht siehst du Farben, riechst etwas, hörst Wörter oder Sätze, oder du siehst eine Gestalt vor deinem geistigen Auge. Mache diese Übung ohne Druck. Es soll Spaß machen und dich fröhlich stimmen. Egal, was du siehst oder wahrnimmst, es ist richtig und soll dir Freude bereiten. Schreib am Ende der Übung auf, was du erfahren und wahrgenommen hast.

Der Baum umarmt den Stein.

Ritual

Verbinde dich mit dem Berg

Wenn du möchtest, dann mache das Ritual, das Nikola an der Grasslhöhle gemacht hat.

Reibe deine Handflächen mit dem roten Lehm ein und hinterlasse deine Handabdrücke an der Felswand. Verbinde dich mit dem Geist des Ortes. Nimm Verbindung auf zum Untersberg und wenn du Lust hast, dann lass dich zu einem Herzensschritt inspirieren, einer Seelenveränderung in deinem Leben. Danach gehe in die Höhle und wasche ganz bewusst die Hände mit dem Wasser ab, das aus der Decke tropft. Lasse auch dies Teil deines Rituals sein. Gib gemeinsam mit der roten Farbe alles ab, was dich daran hindert, durch wichtige Veränderungen zu gehen.

Danach bedanke dich beim Geist der Höhle und hinterlasse ein kleines Opfer und einen speziellen Dank. Gehe mit dem Bewusstsein weiter, dass dir heute hier an dieser Höhle etwas ganz Besonderes und Heiliges zuteil geworden ist.

Handabdruck an der Grasslhöhle

06

Der Weg der Weltoffenheit

Von Karlstein zum Thumsee und über St. Pankraz

3:00 h Gehzeit

2,5 km Länge

260 hm leicht

Auf dem Plateau gegenüber der Pankraz-Kirche

Hoch über unserem Ausgangspunkt thront die Pankraz-Kirche. Ihre Lage und ihre Ausstrahlung machen von vornherein klar: Auf dieser Wanderung geht es nicht nur um die Bergwelt und die Naturbegegnungen. Hier am südlichen Ausgang von Bad Reichenhall, wo schon immer die Handelsstraße weiter Richtung Süden und nach Tirol führte, hier geht es auch um die uralte Siedlungsgeschichte, um Handel, um Reichtum und um die Begegnung der Kulturen.

Das Mosaik an der Amalienruhe zeigt eine Schutzmantelmadonna.

Wegbeschreibung:

Vom Parkplatz an der Freiwilligen Feuerwehr aus gehen wir ein Stück zurück Richtung Bad Reichenhall, überqueren die Straße und nehmen die erste Abzweigung, die Thumseestraße, nach rechts. Nach rechts zweigt von dort der Kugelbachweg ab, den wir bis zu der Kreuzung bergauf gehen, an der es links zur Amalienruhe geht. Dort nehmen wir den Salinenweg nach rechts.

Diesem Soleleitungsweg folgen wir Richtung Thumsee. Wir erreichen den kleinen Seemösl-Teich, an dem wir links entlanggehen, und kommen zu einem Parkplatz, an dessen Ende wir links wieder in den Soleleitungsweg einschwenken. Wo ein Schild Richtung „Thumsee-West" zeigt, nehmen wir die Abzweigung nach rechts, überqueren die Straße und wandern auf der gegenüberliegenden Seeseite wieder zurück.

An der Stelle, wo der Wanderweg auf eine kleine Asphaltstraße stößt, die nach rechts wieder auf die Durchgangsstraße führen würde, biegen wir nach links ab Richtung Karlstein. Vor dem Hotel Seeblick zweigen wir nach rechts ab, wandern daran vorbei und dort, wo der Wanderweg in ein Asphaltsträßchen übergeht, folgen wir dem Salzalpensteig, der uns geradeaus rechts der Häuser weiterführt.

An der nächsten Kreuzung gehen wir rechts Richtung Karlstein und an der nächsten noch einmal. Sankt Pankraz und die Burgruine sind hier ausgeschildert. Wir wandern durch eine kleine Siedlung und

Karlstein
Marterl
Alpengasthof Madlbauer
Seewirt
Thumsee
vorgeschichtliche Siedlungs- und Begräbnisstätten
St. Pankraz
Ruine Karlstein
St 2101
St 2101
Seemösl
Gegenburg
Amalienruhe
0
200
400 m

nach einem Kreuz und einer Bank auf der rechten Seite führt uns der Wanderweg nach rechts durch die Senke genau auf die Kirche zu.

Leider ist es nicht mehr möglich, zu den alten vorgeschichtlichen Siedlungs- und Beerdigungsstätten zu gelangen, die hier auf einer Tafel erläutert werden. Ein Zaun versperrt den Weg. Stattdessen wenden wir uns nach rechts, bis es nach links sowohl zur Ruine als auch zur Kirche geht.

Wir steigen zunächst zur Burgruine auf und danach zur Kirche. Direkt an der Weggabelung ist rechts eine Spalte im Fels, die es unbedingt zu beachten gilt.

Anschließend nehmen wir die Schmalschlägerstraße nach rechts und folgen ihr zurück zur Thumseestraße und zum Ausgangspunkt.

Ausgangspunkt in 83435 Bad Reichenhall-Karlstein:
Parkplatz an der Freiwilligen Feuerwehr, Thumseestraße 56

ÖPNV:
Bushaltestelle „Karlstein-Kaitl“

Wegbeschaffenheit:
Bequeme Wanderwege, keine größeren An- oder Abstiege, kurze steile Passagen hinauf zur Ruine Karlstein und zur Pankraz-Kirche. Die Wanderung ist im Winter möglich, allerdings sind die Zugänge zur Kirche und zur Burgruine gesperrt.

Am Weg:
Soleleitungsweg, Thumsee, Ruine Karlstein, Pankraz-Kirche

Tipp:
Bademöglichkeit im Thumsee

Einkehr:
Seewirt, Alpengasthof Madlbauer

Für das Ritual:
Schreib- oder Malzeug

Die Widmung Alfred Nathans für seine Mutter

▸ Bad Reichenhall, das reiche Hall, liegt uns zu Füßen, als wir die Kapelle auf dem Müllnerberg erreichen. Amalienruhe heißt der Ort und errichtet hat ihn der Reichenhaller Ehrenbürger Alfred Nathan 1908 zu Ehren seiner Mutter. Diese hatte sich – ganz so wie ihr Sohn nach ihr – für die bedürftigen und armen Menschen der Stadt eingesetzt: „Hier hat ob all der gold'nen Pracht / einst meiner Mutter Herz gelacht / das kleine Häuschen zeige schlicht / von Dankbarkeit und Kindespflicht." Wahrscheinlich wäre Amalie in Vergessenheit geraten ohne diese Aussichtswarte und beinahe wäre es ihrem Sohn genauso gegangen, denn sein Vater war Jude und die nach ihm benannte Straße wurde in der Zeit des Nazi-Regimes umbenannt, obwohl Nathan so ein großer Wohltäter der Stadt gewesen war.

Amalie liebte diese Aussicht, die von hier über das Reichenhaller Tal geht, und auch wir genießen diesen Ort. Wir setzen uns und versuchen uns vorzustellen, was Amalie wohl für eine Frau gewesen sein mag, dass ihr damals 38-jähriger Sohn ihr ein solches Denkmal setzte.

▹ *Am Wegesrand blühen die Alpenveilchen, die auch Zyklamen genannt werden, und ich bewundere die sanften rosafarbenen Blumen, die ihre Blütenblätter ganz unverhohlen nach hinten biegen, um sich den Bienen und Hummeln zu präsentieren. Diese Pflanze hat keine Scheu, ihre Schönheit voll und ganz zu zeigen und sich ihren Bestäubern hinzugeben. Einige Schritte weiter begegnet uns das leuchtend rote Pfaffenhütchen. Seine Blüten machen seinem Namen alle Ehre und erscheinen wie eine Bischofsmütze. Eine Pflanze freizügig, die andere verschlossen – aber beide für den Menschen giftig.*

▸ Auf dem Soleleitungsweg erinnern einige historische Stätten daran, dass das Salz der Region nicht nur Reichtum und Arbeit beschert hat, sondern auch kriegerische Auseinandersetzungen um den Zugriff auf das weiße Gold. Gegenüber der Burg auf dem Karlstein stand zwischen dem 12. und dem 13. Jahrhundert eine Gegenburg. Der Salzburger Erzbischof und der bayerische Herzog kämpften in dieser Zeit um das Salzmonopol und um den

Eingang in die Ruine der mittelalterlichen Burg Karlstein

Der Thumsee ist ein beliebter Badesee.

Zugang ins Reichenhaller Tal, das zwischen Tirol und dem Pinzgau im Süden und Bayern und der Stadt Salzburg im Norden lag. Die Reste einer Zollstation über einer Engstelle zeigen, welchen Machtfaktor die Beherrschung der Straße damals darstellte.

▹ *Es ist mir, als würde ich an der Brücke über den Bach den Grünen Mann stehen sehen, dieser hier ist drahtig und jung und er eilt mir voraus. Nikola bleibt zurück und ich gehe weiter, folge dem Weg durch den mystischen Wald und sehe immer wieder die Reste der vor 400 Jahren gebauten Soleleitung. Ich staune über die grandiose technische Leistung der damaligen Zeit. Eine mehr als 30 Kilometer lange Soleleitung von Bad Reichenhall nach Traunstein zu verlegen und dabei noch Pumpen einzubauen, um die Höhenunterschiede zu überwinden, war eine Meisterleistung. Ein Zeichen dafür, wie wichtig das weiße Gold für die Regierenden war und warum sie zu allen Zeiten bereit waren, dafür zu kämpfen. Unter uns fahren die Autos auf der nach Lofer führenden Straße und obwohl die Fahrzeuge heute andere sind, hat sich auf diesen Wegen die Energie des Reisens und des Austausches von Waren und Gütern, von Sprache und Wissen bis heute erhalten. Schon von den Kelten ist belegt, dass sie diese Verbindungswege nutzten. Ich kann mir gut vorstellen, wie die Menschen früher zu Fuß oder mit ihren Karren und Kutschen hier durchgezogen sind, um Handel zu betreiben.*

Ich sehe einen Schatten vor mir in den Wald verschwinden: der Grüne Mann. Er erinnert mich an Robin Hood, der von den Reichen nimmt und es den Armen gibt. Auch in Bad Reichenhall wäre er sicher nicht fehl am Platz gewesen, denke ich, und gehe weiter zum Thumsee.

▸ Die Rufe der Schwimmenden hallen über das Wasser, das Lachen und Juchzen scheint die Temperatur des kalten Bergsees erträglicher zu machen. Einsamkeit findet man an diesem Ort so gut wie nie. Aber wie sollte es auch anders sein, direkt neben dieser alten Straße? Hier kommen die Menschen zusammen, hier gesellen sie sich zueinander und auch wir beschließen, unsere Brotzeit im Rucksack zu lassen und stattdessen einzukehren und die fröhliche Atmosphäre zu genießen.

Hoch über dem Tal thront die Pankraz-Kirche.

In der inspirierenden Ruine der Burg Karlstein

Als wir später auf dem Karlstein ankommen, auf dem noch die Ruinen der alten Burg stehen, empfinden wir auch ihn als einen gastlichen Platz, der uns willkommen heißt. Seit dem Mittelalter stand hier ein feudaler Wohnsitz. In vorchristlicher Zeit haben sich die Menschen zum Schutz hierher zurückgezogen. Es wäre ein guter Ort dafür, denn der Blick geht weit zum See und in das Tal hinein.

Erstaunlich ist, dass das Plateau von Eiben bewachsen ist und sich in den Bäumen Misteln zeigen. In der Mythologie stehen Eiben für die Unterwelt und Misteln waren den Kelten heilig. Dass sich die beiden Pflanzen hier so auffällig zeigen, spricht dafür, dass auch dieser Berg einst ein Kultplatz gewesen sein könnte.

▹ *Neben dem Weg zur Kirche entdecke ich einen Spalt im Fels. Die Höhle ist zu eng, um hineinzugehen. Trotzdem übt sie eine fast magische Sogwirkung auf uns aus. Ich bleibe vor ihrem Eingang stehen und die Luft aus dem Berg trifft mich kalt und energetisierend.*

Ich denke an einen Totenkultort – mit Spalten, durch die die Seelen in den Berg gehen können, um sich zu erholen: der Übergang in die Anderswelt. Hirschzungenfarn wächst rund um die Höhle und über dem Spalt stehen mehrere Holunder, die magischen Bäume der Frau Holle.

Hier haben schon sehr früh Menschen gelebt, Siedlungsfunde wie Essgeschirr, Schmuck, Fibeln, keltische Münzen, Fundamente und

Weiter wagen wir uns nicht in die Spalte.

Urnengräberfelder belegen dies. Warum die Menschen von der Erdbestattung zur Feuerbestattung gewechselt haben, wissen wir nicht. Grabbeigaben beweisen jedoch, dass sie weiterhin an ein Leben nach dem Tod glaubten.

Hinter einem Kreuz, unter dem die schmerzhafte Muttergottes steht, befindet sich ein weiterer Spalt im Felsen. Aber dieser ist abweisend und kalt. Überhaupt schlägt uns nun eine strenge Energie entgegen, so als ob die Unterweltsgöttin uns ihre Hand reichen möchte. Und so gehen wir schnell weiter steil bergauf.

▸ Die Lage der Kirche ist einzigartig schön: Von hier aus hat man Blick auf das ganze Reichenhaller Tal und zwischen Hochstaufen und Untersberg sieht man die Salzburger Festung und die Salzburger Hausberge. Auf dem Weg hinauf auf den Pankraz-Felsen sind wir an einigen Darstellungen der Gottesmutter vorbeigekommen und ich frage mich, warum nicht auch die Kirche selbst der Maria geweiht ist, sondern dem römischen Märtyrer Pankratius.

Die Heiligenlegende erzählt, dass Pankratius nicht nur sein Leben für seinen Glauben opferte, sondern auch sein Vermögen mit den Armen teilte. Und so schließt sich der Kreis unserer Wanderung, die mit der wohltätigen Familie Nathan begonnen hat.

▹ *Ich setze mich auf eine Bank neben der Kirche und schließe die Augen: Ich sehe Menschen, die einen Kreis bilden und ein Feuer entzünden. Die Druidin sendet Gebete nach oben und verabschiedet die Seelen. Rituale, Opfer und Feuer. Die Menschen kommen und gehen, sie feiern und laden diesen Ort mit Kraft und Hoffnung auf.*

Ich öffne meine Augen und sehe Nikola auf mich zukommen. Sie setzt sich zu mir und wir fallen in ein Gespräch über unseren Weg: die fürsorgliche Amalie, der ehrenhafte Robin Hood, die Reisenden über die Kulturen hinweg und – hier auf dem Felsen über der Straße – die Hoffnung und Zuversicht. Und es wird uns klar, dass es an diesem Ort des kulturellen Austausches vor allem um Großzügigkeit, Toleranz und Weltoffenheit geht. Darum, mit mitfühlendem Herzen durch die Welt zu gehen, den Blick hinauf in den Himmel zu richten und dankbar zu sein für die Unterschiedlichkeiten und die Vielfalt in dieser Welt.

Ritual
Sei kreativ

In der Ruine auf dem Karlstein, umgeben von den Bergen und mit Blick auf den See und den Talkessel, fällt es leicht, sich vorzustellen, wie die Menschen hier einst lebten. Wir hatten beide gleich Bilder von Rittern und Burgfräulein, von Hofnarren und Minnesängern vor Augen. Wenn wir noch ein Stück weiter zurückgehen, zu den Kelten, dann wissen wir, dass diese Profis im Geschichtenerzählen waren. Ihre Bardinnen und Barden waren berühmt für die Kunst des Vortragens. Es wurde nichts aufgeschrieben, dafür umso mehr erzählt und gesungen.

Am Karlstein, wo nachweislich Kelten gesiedelt haben, laden wir dich ein, deiner Fantasie und Kreativität freien Lauf zu lassen: Singe, erzähle, zeichne, schreibe. Lass dich inspirieren von der Burgruine, von den alten Handelswegen, auf denen immer ein reger Austausch von Wissen und Kultur stattgefunden hat, von der Natur um dich herum. Teile deine Kreativität mit anderen Menschen, gehe in den Austausch und in die Kommunikation. Nutze diesen wunderbaren Ort, um kreativ und fröhlich zu sein.

Blick von der Burgruine Karlstein nach Bad Reichenhall

07

Der Weg der versteinerten Frauen

Vom Hallthurm zur Schlafenden Hexe und zur Steinernen Agnes

5:00 h Gehzeit

10,0 km Länge

757 hm schwer

Die Schlafende Hexe aus der Ferne gesehen

Wer im Berchtesgadener Land reist, wird sie früher oder später entdecken: Die Schlafende Hexe, die Felsformation an der Engstelle zwischen Lattengebirge und Untersberg, ist von fast überall sichtbar und nicht zu verkennen. Diese aussichtsreiche Wanderung verbindet die Hexe mit einer weiteren versteinerten Frauengestalt, der Steinernen Agnes. Aber wir sind nicht nur hier, um die fantastische Bergwelt zu genießen, sondern wir sind auch auf der Suche nach den Spuren eines alten Frauenkultes.

Wegbeschreibung:
Vom Parkplatz Schlafende Hexe am Hallthurm aus folgen wir auf einem breiten Forstweg den Schildern zur „Schlafenden Hexe" und zur „Steinernen Agnes". An der ersten Abzweigung biegen wir rechts ab Richtung „Steinerne Agnes" und Rotofensattel.

Viele Serpentinen machen den Aufstieg recht moderat, nur das letzte Stück ist sehr steil. Über den Rotofensattel, der zwischen den markanten Felsen gelegen ist, die von überall als die „Schlafende Hexe" gesehen werden, geht es dann gut beschildert geradeaus weiter. Von dem Schild „Steinerne Agnes-Rundweg, Abstieg" lassen wir uns nicht irritieren, da es zur Agnes zunächst noch ein Stück geradeaus geht.

Anschließend kommen wir zu dieser Abzweigung zurück und beginnen den Abstieg in Richtung Winkl. Wir folgen den Schildern des „Steinerne Agnes-Rundwegs", der uns zurück in Richtung Hallthurm führt.

Ausgangspunkt in 83483 Bischofswiesen:
Parkplatz Schlafende Hexe am Hallthurm zwischen Bayerisch Gmain und Bischofswiesen, Reichenhaller Straße

ÖPNV:
Haltestelle „Zollhäuser" in Bischofswiesen. Von dort über den Bognerweg auf die Strecke stoßen.

Wegbeschaffenheit:
Überwiegend schmale Wanderwege, im Übergang zur Steinernen Agnes und im Abstieg oft rutschig. Trittsicherheit erforderlich. Bei Schnee nicht möglich

Besonderheit:
Der Rundweg „Steinerne Agnes" ist am Parkplatz mit der Farbe Blau als einfach gekennzeichnet. Diese Kennzeichnung ist irreführend, da es sich keinesfalls um einen leichten Weg handelt. Auf halber Strecke ändert sich im Übrigen auch die Markierung zu Rot.

Am Weg:
Schlafende Hexe, Steinerne Agnes

Einkehr:
Keine am Weg

B 20
Parkplatz
Schlafende Hexe
Mittlerer Rotofen
1.396 m
Hinterer Rotofen
1.460 m
Auf der schlafenden
Hexe
Mottkopf
1.554 m
Rückblick zur Hexe
rne Agnes
300 m
ussicht ins
ttengebirge
Zollhäuser
Bognerweg
Kraftplatz
B 20
Pfaffenkogel
816 m
0
200
400
600 m

Die Steinerne Agnes

▸ Meistens verändern sich die Bilder, die man in Gesteinsformationen erkennen kann, je nach Standort, den man einnimmt. Bei der Schlafenden Hexe ist das anders. Aus welcher Richtung man auch immer kommt – ob von Bayerisch Gmain oder von den Bergen rund um Berchtesgaden –, sogar von der Autobahn aus ist sie deutlich zu erkennen: Sie scheint auf dem Rücken zu liegen, Nase und Brüste in den Himmel gestreckt. Und auch wenn sie schläft, so bewacht sie doch den Ausgang des Reichenhaller Tals.

Seit wann die drei Türme des Rotofens als Hexe bezeichnet werden, ist nicht überliefert. Mit unseren karnevalesken Vorstellungen einer Hexe hat dies allerdings mit Sicherheit nichts zu tun. Stattdessen gibt es eine Legende, die davon erzählt, dass hier oben am Rand des Predigtstuhls eine Alte gewohnt haben soll, die die Christen hasste und die Missionierung verhindern wollte. Und wie sollte es anders sein: Natürlich besiegte das Kreuz die Hexe und zur Strafe wurde sie für immer schlafen gelegt. Diese Erzählung lässt darauf schließen, dass es an diesem Übergang zwischen dem Lattengebirge und dem Untersberg ein vorchristliches Heiligtum gegeben haben muss, dem die Kirche mit der schaurigen und gleichzeitig triumphalen Sage begegnen wollte.

▹ *Eine Gämse springt vor mir aus dem Wald und flüchtet genauso schnell wieder zwischen die schützenden Bäume. So weit unten einer Gämse zu begegnen erstaunt mich. Ich denke sofort an die Saligen Frauen, deren Begleiterinnen die Gämsen sind: Die weißen Jungfrauen leben der Legende nach in einem Schloss im Inneren der Berge und hüten die Natur. Wenn Wanderer und Bergsteiger in Not und Gefahr geraten, helfen sie auch ihnen und geleiten sie sicher zurück ins Tal. Als Lohn für die Rettung müssen die Menschen versprechen, die Tiere und Pflanzen zu schützen und zu achten. Wer sich nicht daran hält, den bestrafen die Saligen Frauen oder sie verweigern ihm beim nächsten Mal die Hilfe. So mancher verirrte Jäger fand nicht mehr nach Hause zurück und musste schließlich am Berg sein Leben lassen.*

Ich kämpfe mich nach oben. Der steile Weg hinauf zur Schlafenden Hexe fällt mir schwer. Als ich ein Kreuz auf einem kleinen ebenen Platz im Wald sehe, freue ich mich: Dieser Ort wirkt friedlich und ruhig und hier kann ich mich kurz ausruhen. Oberhalb im Wald steht ein Stein, der ungefähr so groß ist wie ich und aussieht wie ein Miniaturberg. Er zieht mich an und ich lege meine Hände auf ihn und fühle seine heilende Energie: „Erzähl mir, was dich plagt, und ich werde dir helfen. Jeder und jedem auf meine ganz besondere Art.“ Ich bitte den Stein um Kraft und Stärke für diesen steilen Weg.

Der Bach lädt dazu ein, sich die Füße zu kühlen.

▸ Andrea ist heute deutlich schneller als ich und ich versuche bewusst, bei mir und meinem Tempo zu bleiben. Den Blick immer auf den Weg gerichtet, um die Wurzeln als Stufen nutzen zu können, statt über sie zu stolpern, steige ich die Serpentinen hinauf. Wo bin ich verwurzelt? Die Frage ist so naheliegend, dass sie fast banal klingt. Aber ich nehme sie mit auf diesen Weg. Vielleicht ist das für mich als Theologin an diesem Platz, an dem der alte und der neue Glaube miteinander gerungen haben, genau die Frage, die ich mir stellen muss.

▹ *Bald ist der Wald mystisch und die Steine und Felsen erzählen ihre Geschichten. An einer Stelle gibt der Wald die Sicht ins Tal frei und ich kann bis zum Johannishögl sehen. Der Anblick erfreut mein Herz.*

Bis zum Rotofensattel, dem Übergang zwischen den Türmen, die von unten wie die Schlafende Hexe aussehen, geht es nun sehr steil hinauf. Ich verspüre eine Art von Erschöpfung, wie ich sie schon lange nicht mehr erlebt habe. Oben angekommen, lege ich mich ins Gras und schließe meine Augen. Zwischen dem Kopf der Hexe und ihrer

Der Miniaturberg steht in der Nähe des Gedenkkreuzes.

Brust, auf deren Brustwarze das Gipfelkreuz steht, lasse ich mich fallen. Mehr als meine körperliche Erschöpfung kann ich gerade nicht wahrnehmen.

Nikola wuselt auf dem schmalen Grat zwischen den Felsen herum und ich frage mich, wo sie die Kraft dafür hernimmt. Mein tropfnasses und durchschwitztes Shirt hängt über mir an einem Ast und ich wünsche mir wieder einmal, diesen Körper ablegen zu können und frei zu sein von all den Anstrengungen: den Körper versorgen müssen, schlafen, essen, trinken, arbeiten, lernen, kochen, putzen, einkaufen ... Ich möchte fliegen, ich möchte die Schlafende Hexe aufwecken und mit ihr auf unseren Besen durch die Lüfte fliegen. Keine Sorgen, keine Belastungen, keine Ängste mehr. Sie fliegt neben mir und streckt ihre große Nase in die Wolken und ihre vorwitzigen Brüste leuchten am Himmel. Wir fliegen und kehren nie wieder zurück.

▸ Inzwischen geht es Andrea offenbar wieder besser. Zwei jungen Männern, die auf dem Weg zu dem Gipfel sind, der vom Tal gesehen wie der Busen der Hexe aussieht, ruft sie vorwitzig nach: „Geht ihr jetzt zu den Brüsten?" Wir werden nicht hinaufgehen, denn wir wollen heute noch eine weitere Frauengestalt besuchen: die Steinerne Agnes, auch ein Gesteinsrelief, um das sich Sagen und Geschichten ranken. Der Weg hinüber bleibt zwar fast auf einer Höhe, bedarf aber höchster Konzentration. Ich liebe solche Wege, auf denen sich alles Denken auf den nächsten Schritt fokussiert, auf denen sonst nichts Platz hat als die Entscheidung, wo ich meinen Fuß hinsetzen soll. Nichts erdet mich mehr, nichts macht meinen Kopf freier, als mich so in der Natur zu bewegen.

▹ *Der Weg braucht weiterhin all meine Konzentration. Es geht über Bäche, die sich von den Felsen stürzen, über Wurzeln und Steine. Bevor wir die Steinerne Agnes erreichen, gehen wir zu einem Aussichtsplatz unterhalb der Steinformation. Es ist so ein einladender Ort, dass ich hier gerne verweilen möchte. Von hier aus hat man einen beeindruckenden Blick ins Lattengebirge und auf die Rückseite des Predigtstuhls, des Reichenhaller Hausberges. Ich fühle mich demütig im Schatten dieser alten und weisen Berge.*

Und noch einmal geht es steil hinauf zur Steinernen Agnes. Nun müssen wir fast klettern, um das letzte Stück zurückzulegen. Doch die

Belohnung wartet oben: ein fantastischer Rundumblick auf die Berchtesgadener Bergwelt. Um den Talkessel gruppieren sie sich alle – Untersberg, Hohe Göll, Watzmann, Hochkalter.

Zu Füßen der Agnes kann man kaum stehen. Hier kann man kein Ritual machen, außer vielleicht ein „Ich-falle-hinunter"-Ritual. Und das lassen wir besser. Ein Paar mit Hund kommt nach oben geklettert und wir überlassen den Neuankömmlingen die grandiose Aussicht – für vier Menschen und einen Hund ist hier leider kein Platz.

▸ Mit ein bisschen Fantasie kann man in der zehn Meter hohen Felssäule eine Sennerin erkennen. Es verwundert nicht, dass sich auch um diesen außergewöhnlichen Stein eine Sage rankt. Sie handelt von einem jungen Mädchen, das sich des Teufels erwehren muss, der ihr die Jungfräulichkeit nehmen will. Um sich zu schützen, ruft sie die Gottesmutter um Hilfe, und diese lässt sie zu Stein werden, damit der Teufel sie nicht erreicht. In späteren Varianten kommt Agnes schlechter weg: Sie erwartet ein uneheliches Kind und lässt sich vom Teufel einflüstern, es zu töten, worauf sie zur Strafe versteinert wird.

Es gibt viele Beispiele dafür, dass Legenden umgeschrieben wurden, um die Frauen schlechter dastehen zu lassen, sie beispielsweise wie in dieser Geschichte als Kindsmörderinnen darzustellen. Man kann davon ausgehen, dass dahinter der Versuch steckt, die Kulte um weibliche Gottheiten oder auch

Wie ein großes Tier liegt der Baumstamm quer über dem Bach.

Andrea unter der Steinernen Agnes

nur um weibliche Anteile am Göttlichen zu unterdrücken.

▹ *Der Weg nach unten ist noch steiler als der hinauf. Und dann flacht er plötzlich ab und führt kurz über eine fast ebene Fläche. Dort liegt ganz unscheinbar ein ganz besonderer Kraftplatz neben dem Weg. Die Bäume ordnen sich in einem Kreis, der Platz strahlt Ruhe und Kraft aus. Auch das Licht ist speziell, weich und einladend. Die Sonnenstrahlen tanzen mit den Bäumen und den Blättern und werfen verspielte Schatten auf den Waldboden. Hier sind die Naturwesen zu Hause. Hier können wir uns mit ihnen unterhalten. Nicht immer wollen solche Orte besucht werden, aber dieser Kraftplatz ist offen für Gäste, und ich frage mich, ob hier immer schon Rituale gefeiert wurden.*

▸ Auf dem Weg zurück erzählen wir uns gegenseitig Sagen über Frauen, die in Stein verwandelt wurden. Allein auf dieser Wanderung sind es zwei: die Jungfrau und die Alte. Es fehlt nur noch die dritte, die Mutter, aber sie tritt uns ja in der Legende als die Gottesmutter entgegen. Und da wir uns noch dazu unterhalb des Dreisesselberges befinden, liegt es nahe, hier die Dreiheit zu vermuten: die keltische weibliche Dreifaltigkeit aus Jungfrau, Mutter und der Weisen Alten, die in vielen Regionen als Drei-Bethen- oder Drei-Matronen-Kult oder – christlich verändert – in der Verehrung von Barbara, Katharina und Margarete oder Spes, Fides und Caritas noch bis in die Neuzeit weiterbestand.

Ritual
Dein eigener Kraftplatz

Auf dem Weg zur Schlafenden Hexe und zur Steinernen Agnes haben wir entlang des mystischen Weges einige Kraftplätze für uns entdecken können. Es ist eine Sache, Kraftplätze zu erwandern, die andere Menschen vorgeben, doch spannender ist es, selbst auf die Suche nach einem ganz persönlichen Kraftplatz zu gehen.

Bleibe immer wieder aufmerksam stehen, um deinen eigenen Kraftplatz zu finden. Schau dich um, nimm nicht den erstbesten Platz, sondern wähle ganz bewusst aus. Versuche, die unterschiedlichen Qualitäten der Orte zu erspüren. Wenn du das Gefühl hast, deinen persönlichen Favoriten gefunden zu haben, dann setze dich dorthin und überlege dir, warum du gerade diesen Ort gewählt hast. Hat es mit dem Licht, den Pflanzen, dem Ausblick zu tun? Oder ist es ein Gefühl, nimmst du es körperlich wahr? Verändert sich vielleicht dein Herzschlag? Nimm dir mindestens zehn Minuten Zeit, um auf diesem deinem Platz zu verweilen, und gib ihm einen Namen. Gehe in die Stille und genieße die Zeit an diesem Ort. Die Erfahrung wird dir niemand nehmen können, versuche, dir das Gefühl einzuprägen, das du in diesem Moment empfindest, damit du es an einem anderen Ort abrufen kannst, wenn du es möchtest. Dieses Gefühl und dieser Moment im Einklang mit der Natur, den Naturwesen und dem Geist des Ortes gehören ganz dir allein.

Ob es sich bei diesem Baumkreis um einen alten Kultplatz handelt?

Der Weg des Zaubers

An der Ramsauer Ache zum Hintersee und zur Kirche Maria Himmelfahrt am Kunterweg

3:30 h Gehzeit
12,0 km Länge
284 hm leicht

Blick vom Hintersee zum Blaueisgletscher

Wir haben für diese Wanderung ungefähr doppelt so viel Zeit gebraucht, als die reine Gehzeit vermuten lässt. Es gibt so viel zu sehen, so viel zu entdecken, dass wir uns von den vielen besonderen Orten nur lösen konnten, weil wir neugierig auf die nächsten waren. Heilige Orte eingebettet in die fantastische Ramsauer Bergkulisse und der Zauberwald, der seinem Namen alle Ehre macht. Ein anregender, beglückender Weg.

Wegbeschreibung:

Von der Neuhausenbrücke gehen wir über die Ramsauer Ache und folgen den Schildern Richtung Hintersee auf dem Malerweg und dem Mühlsteinweg. Der Weg führt immer an der Ache entlang und durch den Zauberwald bis zum Hintersee. Dort biegen wir links ab und gehen im Uhrzeigersinn um den See herum.

An den Gasthäusern vorbei gehen wir auf dem Uferweg. Diesem folgen wir auch dort weiter, wo er von der Straße wieder wegführt. Noch einmal erreichen wir die Straße, davor biegen wir nach rechts ab. Schon 100 Meter weiter nehmen wir an der nächsten Kreuzung den Weg nach links Richtung Wartstein.

Nach einem kurzen steilen Stück gehen wir nach rechts. Die Kunterweg-Kirche ist hier bereits markiert. Bald stoßen wir auf Schilder, die nach rechts zum Wartstein und zur Magdalenengrotte weisen. Wir folgen ihnen und besuchen den Aussichtspunkt und die Grotte. Ein

Der Wunschthron im Zauberwald

Findling-Wiese
B 305
Wallfahrts-
kirche Maria am
Kunterweg
Magdalenengrotte
Wartstein
893 m
Wirtshaus im
Zauberwald
Kunterwegkogel
856 m
Café Gelfart
Ramsau bei
Berchtesgaden
Kalvarienbergkapelle
Seeklause
Ramsauer Ache
Ramsauer Ache
Marxenklamm
Alte
Mühle
Hintersee
St. Sebastian
Zelt-Höhle
Platz an
der Ache
Parkplatz
Neuhausenbrücke
Gasthof Auzinger
0
200
400
600 m

Ein Zwerg begrüßt uns am Eingang des Zauberwaldes.

schmaler Pfad führt von hier oben anschließend in Richtung Kunterweg-Kirche weiter. In den Querweg biegen wir nach rechts ab und erreichen eine Weide mit großen Findlingen. Hier gehen wir rechts am Waldrand entlang und in einer weiten Linkskurve weiter, um die Aussicht ins Ramsauer Tal zu genießen.

Danach geht es nach rechts bis zu der kleinen Straße weiter, in die wir nach rechts abbiegen. An der größeren Straßenkreuzung halten wir uns wieder rechts und wandern bergab bis in die Senke, wo der Wanderweg nach links Richtung Kunterweg-Kirche abzweigt. Durch das Lattenbachtal erreichen wir die Wallfahrtskirche und gehen über den Kreuzweg und an der Kalvarienbergkapelle nach Ramsau.

Hinter der Pfarrkirche St. Sebastian überqueren wir die Ache und gehen nach links zurück zum Parkplatz.

Ausgangspunkt in 83486 Ramsau bei Berchtesgaden:
Parkplatz Neuhausenbrücke

ÖPNV:
Bushaltestelle „Neuhausenbrücke“

Wegbeschaffenheit:
Überwiegend bequeme Wanderwege, auch bei Schnee möglich

Am Weg:
Pfarrkirche Sankt Sebastian, Marxenklamm, Zauberwald, Hintersee, Wartstein, Magdalenengrotte, Wallfahrtskirche Maria Himmelfahrt am Kunterweg

Einkehr:
Wirtshaus im Zauberwald, Alpenhof am Hintersee, Seeklause, Café Gelfart, Gastronomie Ramsau

Das begehrte Fotomotiv an der Ache: Sankt Sebastian

▸ Entlang der Ramsauer Ache wandern wir durch das Bergsteigerdorf Ramsau. Unser Weg führt vorbei an der idyllisch gelegenen Pfarrkirche Sankt Sebastian. Oberhalb des Baches gelegen und mit der Reiteralpe im Hintergrund ist die Kirche eines der beliebtesten Fotomotive weit und breit. Die Wanderer und Hobbyfotografen drängen sich, um das beste Bild von der Kirche zu schießen. Und ich mische mich unter sie, während Andrea schon weitergeht.

Manchmal wünschte ich mir, ich könnte einen Ort einfach mit den Augen und dem Herzen ansehen, ihn hören und riechen, statt alles zu fotografieren, aufzuzeichnen und digital festzuhalten. Trotz Handy, Kamera und GPS-Gerät möchte ich mir die Gefühle, die Intuition und das Bauchgefühl nicht nehmen lassen, die Geräte zwischendurch immer einmal bewusst weglassen, damit ich mir die Unmittelbarkeit der Naturerfahrung nicht abtrainiere. Denn es ist ja wahr: Dieser Platz ist ein besonders schöner – und auch wenn er die Menschen schon immer dazu inspiriert hat, ihn auf Leinwand oder Fotopapier zu bannen: in natura, mit der Sonne auf der Haut und dem Wind in den Haaren ist er am allerschönsten.

An der Ramsauer Ache

▹ *Schon immer wollte der Mensch Augenblicke festhalten. Auf den Infotafeln des Ramsauer Malerweges zeigen die Abbildungen der Künstler genau die Stellen, an denen wir heute auch stehen. Die Berge sind noch die gleichen, die Landschaft und die Häuser haben sich jedoch meist verändert.*

Vor 3.500 Jahren ging aus dem Gletschertal des Blaueises ein gewaltiger Felssturz ab und versperrte den Talausgang des Klausbaches mit einer dicken Masse aus Geröll und Gesteinsblöcken. So wurde der Bach aufgestaut, der Hintersee entstand und auch der Zauberwald war geboren.

Wie Findelkinder liegen die Steine und Felsen im Wald. Überall erkenne ich Gesichter und Gestalten, die mich lustig anlachen. Alles fühlt sich leicht und heiter an. Am liebsten würde ich jeden Baum und jeden Stein fotografieren, weil die Kombination aus Moos, Steinen, Wurzeln und Bäumen einfach einzigartig ist. Hier bin ich die, die alles fotografieren und festhalten möchte, keinen Stein, keine Geschichte, kein Naturwesen verpassen. Ich möchte diese besondere Stimmung in diesem Wald für mich abbilden und nach Hause mitnehmen. Selbst wenn ich an jedem Tag des Jahres an diesen Ort kommen würde, könnte ich immer etwas Neues entdecken. Ich bin fasziniert und getragen vom Zauberwald.

Gebetstafel zur Anrufung der Maria von Kunterweg

Die Ache bahnt sich ihren Weg zwischen den Felsblöcken.

▸ Ich streiche über das Moos. Die Pflanzen sehen aus wie Miniaturwälder auf Miniaturbergen. Manchmal locken wir mit unseren intensiven Betrachtungen Menschen an – sie wollen sehen, was wir da entdeckt haben. Wir finden es witzig, wie sich manche wieder abwenden, als hätten wir sie aufs Glatteis geführt. Andere bleiben aber wie wir in der zauberhaften Wildnis und können sich nicht mehr losreißen. Dabei gibt es noch so vieles, was auf uns wartet.

▹ *Gleich nach dem Wirtshaus im Zauberwald liegt rechts am Weg ein besonderer Stein. Er sieht aus wie eine sogenannte „Fruchtbarkeitsrutsche", wie ich sie aus Südtirol kenne. Frauen mit Kinderwunsch kamen angeblich zu solchen Felsen. Ich rutsche übermütig den Stein hinab und die drei Frauen, die dort sitzen, schauen mich fragend an. Fruchtbarkeit kann man nie genug haben, denke ich mir und gehe schmunzelnd weiter.*

Neben der alten Mühle gibt es einen besonderen Ort. Dort fließt der Mühlbach in die Ramsauer Ache, mit Druck und großer Kraft mündet er in den ruhigen Fluss. Hier könnte man ein Loslass-Ritual machen:

alles, was belastet, dem reißenden Bach mitgeben, um es dann der friedlich fließenden Ache zu überlassen.

Über eine Brücke überqueren wir den hellblau leuchtenden Fluss und folgen ihm, bis wir durch einen Durchgang zwischen zwei Steinen links hinunter zur Ache kommen. Ich bin fasziniert von den Farben, den Strömungen, den Felsen, dem Moos und den inspirierenden Steinen: ein wunderbar magischer Ort.

Immer wieder geht es durch steinerne Durchgänge. Das fröhlich Unbeschwerte des Zauberwaldes weicht einer Energie, die etwas fordern möchte. Was will dieser Weg von mir? Soll ich loslassen? Soll ich etwas neu beginnen?

Rechts des Weges zieht es uns hinauf an einen Platz zwischen den Felsen. Die Wanderer auf dem Weg – nur ein paar Meter unter uns – sind plötzlich in weite Ferne gerückt. Hier stoßen wir auf eine Felswand, auf der zahlreiche Menschen sich mit Einritzungen verewigt haben, und auf einen

Nikola bewundert das Zelt aus Felsen.

Auf den kleinen Inseln im Hintersee wachsen Bäume.

Unterschlupf unter großen Steinen. Diese Höhle wirkt wie ein Zelt aus Felsen und oben bleibt ein Spalt – wie ein Fenster in den Himmel und zu den Sternen. Ich will nicht wieder gehen, will mich hier verlieren. Ist es das, was dieser Weg von mir will?

▸ Eine weitere Brücke führt uns aus dem Zauberwald hinaus. Der Hintersee hat seit seiner Entstehung erheblich an Größe verloren. Verlandungszonen bieten einen Lebensraum für seltene Pflanzen. Auf dem Rückweg an der nord-westlichen Seeseite haben wir freie Sicht auf den Hochkalter, den zweithöchsten Berg der Berchtesgadener Alpen, und auf den Blaueisgletscher. Auch dieser nördlichste Gletscher der Alpen hat massiv an Größe verloren, allerdings hat dies mit den Einflüssen des Klimawandels zu tun. Rund um den Gletscher ist gut zu erkennen, wo der Felssturz abgebrochen ist, der den Zauberwald und den Hintersee erschaffen hat. Die Natur ist ein ewiges Mysterium aus Werden und Vergehen, aus Sterben und Geborenwerden.

▹ *Oberhalb des Zauberwaldes liegt der Wartstein, ein Aussichtsfelsen, auf dem ein Denkmal an die Gefallenen des Ersten Weltkriegs erinnert. Wie eine Pyramide steht es in der Mitte des Plateaus, gekrönt von einem Kreuz. Davor befindet sich ein besonderer Thron, der aus einem Holz-*

stamm geschnitten wurde. Dort setze ich mich hin und fühle mich wie die Bergkönigin. Ich blicke um mich, schaue zum Blaueisgletscher, zu den mächtigen Gipfeln, die ihn bergen. Ich fühle eine Erhabenheit und Kraft in mir aufsteigen. Es ist mir, als ob die Berggöttin sich hinter mich stellt und mir ihre Hände auf die Schultern legt. Sie bekräftigt mich auf meinem Weg, sie spricht mir zu und ihre schöpferischen Energien durchströmen meinen Körper.

▸ Direkt unter dem Wartstein liegt die Magdalenengrotte, eine ehemalige Einsiedelei. Welche Leidenschaft muss einen Menschen antreiben, in dieser Einsamkeit zu leben? Die Entbehrungen auf sich zu nehmen, die ein solcher Ort am Rande eines steilen Abgrunds

Der Holzthron auf dem Wartstein

garantiert mit sich bringt? Die Grotte ist heute durch ein Metallgitter geschützt und trotzdem ist sie reich geschmückt: Kerzen und Blumen zeigen, dass immer noch Menschen hierherkommen. Ich habe die Phantasie, dass es schon immer so war, dass der Einsiedler oder die Einsiedlerin die Menschen aus dem Dorf empfangen und mit ihnen und für sie gebetet hat.

▹ *Als wir aus dem Wald treten, stehen wir vor einer Weide mit Findlingen, die Steinkreise der besonderen Art bilden. Die magische Energie bleibt bestehen, auch dann noch, als unser Weg an der Straße weiterführt. Und dann treten wir wieder ein in den Wald, und das Rauschen des Lattenbaches begleitet uns zur Wallfahrtskirche Maria Himmelfahrt am Kunterweg.*

Vor einer steilen Felswand steht sie und begrüßt uns mit ihrer verspielten Barockfassade mit den Doppeltürmen. Diese Lieblichkeit steht in einem seltsamen Widerspruch zu dem schroffen, kalten Felsen hinter ihr. Man weiß, dass das Gnadenbild der Muttergottes zunächst an der Felswand angebracht war, bevor um 1700 die erste Holzkapelle gebaut wurde. „Kunterweg" leitet sich vom alten Wort für Vieh, „gunter", ab und der Name hält sich bis heute: Maria am Viehweg also. War dieser Felsen ein vorchristlicher Kultplatz, an dem die große Urmutter um Fruchtbarkeit angerufen wurde? Die Menschen kommen immer noch, um nun die

Unter dem Wartstein liegt die Magdalenengrotte.

Wallfahrtskirche am Kunterweg

Gottesmutter zu ehren, die hier den Platz der Ur-Göttin eingenommen hat. Sie bitten heute wie damals um eine gute Ernte, um Gesundheit für Mensch und Vieh und legen dankbar ihre Opfergaben ab.

▸ Vor der Kirche steht ein Brunnen und sein Wasser erfrischt und belebt uns. Daneben ist eine Tafel angebracht, die davon erzählt, dass die Einheimischen sich bei Mitternacht diesem Ort lieber nicht nähern: Dann kommen nämlich angeblich die Untersberg-Männlein durch einen unterirdischen Gang vom Untersberg herüber, um hier ihre Messen zu feiern. Es heißt, dass sie durch eine lose Steinplatte hinter dem Altar in die Kirche gelangen. Was umgekehrt bedeutet, dass dieser Ort, an dem heute die Kirche steht, der Sage nach einen Zugang zur Unterwelt besitzt, die im Untersberg voller Schlösser und Schätze ist. Vielleicht war dieser Ort also auch ein Heiligtum der Percht, der Göttin der Anderswelt.

▹ *Unterschiedlichen Göttinnen sind wir auf diesem Weg entlang des Wassers begegnet, durch steinerne Tore sind wir getreten, wir wurden gereinigt, geweiht und gesegnet. Ein Frauenweg von der Unterwelt zur Fruchtbarkeit, von der Berggöttin zu Maria Magdalena, von der Percht zur Muttergottes. Als andere sind wir zurückgekehrt aus dem Ramsauer Zauberwald.*

Ritual
Drei der Rituale im Zauberwald

Auf diesem Weg bleibt kaum eine Verschnaufpause, es geht von einem Kraftplatz zum nächsten. Deine Aufgabe ist es, drei Rituale auszuwählen, die dich besonders ansprechen. Wir haben absichtlich die Rituale nicht genauer angeleitet, um dir den Freiraum zu geben, dein eigenes Ritual zu inszenieren. Viel Spaß dabei, sei kreativ und inspiriert von den Orten und den Kräften, die dort mit dir in Verbindung treten.

- Rutsche über den Fruchtbarkeitsstein und erspüre, was es mit dir macht.
- Stelle dich an die Einmündung des Mühlbaches in die Ramsauer Ache und lasse los, was dich belastet.
- Suche einen besonderen Stein am Platz an der Ache, nimm ihn mit und lege ihn an der Magdalenengrotte ab.
- Stelle oder setze dich in die Zelt-Höhle und mache eine kurze Meditation.
- Am See steht vor einem Felsen ein Kreuz, unter dessen Altar eine Schatzkiste liegt. Nimm eine Karte mit, lass dich von dem Ort inspirieren und schreibe einen kurzen Text. Lege die Karte in die Schatzkiste oder nimm sie mit nach Hause.
- Auf dem Wartstein kannst du dich auf den Thron setzen und dich mit der Berggöttin verbinden. Was sagt sie dir?
- In der Magdalenengrotte kannst du einen Stein, eine Blume oder eine Münze ablegen und ein kurzes Gebet sprechen.
- An der Wiese mit den Findlingen kannst du intuitiv auf einen Stein zugehen und ihn als deinen Heilstein auswählen. Nimm Kontakt zu ihm auf und bitte ihn um Heilung.
- An der Wallfahrtskirche am Kunterweg stellst du dich zwischen Kirche und Felsen und lässt dich inspirieren von den beiden Energien. Wie könnten die Kirche und der Felsen in Verbindung stehen?

Der Weg des Watzmanns und der Watzfrau

Über den Grünstein zur Kührointalm

5:00 h Gehzeit
12,0 km Länge
767 hm mittel

Der Watzmann, die Watzfrau und ihre Kinder

Diese Wanderung führt an einen der schönsten Aussichtsplätze im Berchtesgadener Land. Wir bewegen uns mit Blick auf den Untersberg an den Fuß des Watzmanns – der eine birgt angeblich einen Friedenskaiser, von dem anderen wird erzählt, dass er ein versteinerter grausamer König sei. Doch die Stadt Berchtesgaden unter uns lässt uns auch nach weiblichen Spuren suchen, schließlich bedeutet ihr Name „Garten der Berggöttin Percht". Die wunderbare Natur lohnt jeden Meter und jede Minute dieser langen und anstrengenden, aber ungefährlichen Wanderung.

Wegbeschreibung:

Dort, wo der Parkplatz Hammerstiel beginnt, ist gleich links der Weg zum Grünstein ausgeschildert. Wir folgen den Schildern bis zur Grünsteinhütte. Von hier aus erklimmen wir den Grünstein, kehren anschließend wieder zur Hütte zurück und gehen gegenüber geradeaus weiter. Links unter uns ist die Weiße Wand und wir haben Ausblick auf den Königssee.

Wir folgen den Schildern zur Kührointalm über einen bewaldeten Bergrücken. In den Fahrweg biegen wir nach links und sofort wieder nach rechts ab. An der Alm gehen wir an der kleinen Kapelle vorbei und dahinter bei nächster Gelegenheit rechts Richtung Schapbachalm.

Dem Fahrweg folgen wir an der Schapbachalm vorbei bis zu einer großen Kreuzung, von der aus es nach rechts Richtung Hammerstiel abgeht. So erreichen wir wieder den Ausgangspunkt.

Ausgangspunkt in 83471 Schönau am Königssee:

Parkplatz Hammerstiel, Hammerstielstraße

ÖPNV:

Bushaltestelle Ilsank in Engedey (zusätzlich 3 km und 180 hm)

Wegbeschaffenheit:

Im Aufstieg zum Grünstein und beim Übergang zur Kührointalm mittelschwere Bergpfade, im Abstieg breiter Schotterweg (wird auch von Fahrradfahrern genutzt)

Am Weg:

Grünstein, Kührointalm, Schapbachalm

Tipp:

Von der Kührointalm aus gibt es die Möglichkeit für einen zweieinhalb Kilometer langen Ausflug zur Archenkanzel, von der aus man eine einzigartige Aussicht auf den Königssee hat.

Einkehr:

Grünsteinhütte, Kührointhütte, Schapbachalm, Café Hammerstiel

Für das Ritual:

Zettel mit den Zitaten, Schreibzeug

Parkplatz Hammerstiel
Grünstein 1.304 m
Grünsteinhütte
Schapbachriedel 1.329 m
Schapbachalm
Kührointalm
St.-Bernhard-Kapelle
0
200
400
600 m

Vom Grünstein hat man die beste Aussicht auf Berchtesgaden.

▹ *Wanderer ziehen an mir vorbei, alle wollen sie so schnell wie möglich hinauf zum Grünsteingipfel. Ich bin heute eine von den „Langsamen". Und das nicht nur, weil es steil ist, sondern weil ich mir bewusst Zeit lassen möchte. Immer wieder bleibe ich stehen und bewundere die Schönheit des Waldes. Ich blicke auf den Boden und sehe eine schwarz-gelbe Raupe, die meinen Weg kreuzt. Aus ihr wird einmal ein Nachtfalter – der Mondvogel. Schmetterlinge stehen für Transformation und Weiterentwicklung von der Raupe zur Puppe und dann zum Tag- oder Nachtfalter.*

An einer Abzweigung hole ich Nikola ein und wir treffen einen Einheimischen, der sich zu uns gesellt. Er erzählt uns, dass er oft auf den Grünstein wandert und dabei schon mehrere Male einer Kreuzotter begegnet sei. Die Tiere liegen vor allem am Morgen auf den Steinen und lassen sich von der Sonne wärmen. Ich liebe Schlangen, sie sind für mich Symbol für Veränderung und Heilung. Die Schlange streift ihre alte Haut ab und ist wieder wie neu. Mondvogel und Kreuzotter: Die Tiere und die Natur sind meine Inspiration. Beschwingt gehen wir zu dritt in Richtung Grünsteinhütte weiter.

▸ Die Schönheit des Berchtesgadener Talkessels – vielleicht ist sie von nirgendwo so gut zu bewundern wie vom Grünstein. Der Weg hinauf ist zwar steil, aber einfach zu gehen. Und dafür bekommt man die gleiche Sicht wie vom 1.400 Meter höheren Watzmann – das behauptet jedenfalls der Berchtesgadener Tourismusverband.

Aus diesem Grund ist man hier oben auch selten allein. Auf dem Gipfel treffen sich Wanderer, die von der Grünsteinhütte kommen oder vom Königssee über den Steig heraufgeklettert sind. Sie drängen sich fröhlich um die besten Aussichtsplätze und die Stimmung ist heiter und entspannt.

Wir stehen genau in ihrer Mitte: Untersberg, Hoher Göll und Watzmann. Die heiligen Berge, wie manche sagen. Ich liebe diese Region – der Übergang von hier über das Steinerne Meer nach Maria Alm gehört zu meinen schönsten alpinen Erfahrungen. Alexander von Humboldt, der große Forschungsreisende, ging noch ein Stück weiter, als er schrieb: „Die Gegenden von Salzburg und Berchtesgaden, von Neapel und Konstantinopel halte ich für die schönsten der Erde."

Auch das Kehlsteinhaus ist von hier aus zu sehen und erinnert daran, dass die Nationalsozialisten in dem Talkessel unter uns einst ihren zweiten Regierungssitz errichteten – am Hohen Göll mit Blick auf den Untersberg. In dessen weitverzweigten Höhlen leben laut Sage die Untersberg-Männlein und hüten in unterirdischen Schlössern große Schätze. Diese Legende wird wohl alten Ursprungs sein: der Höhlenberg, ein Ort schon der keltischen Anderswelt. Die andere Legende, die davon erzählt, dass ein deutscher Kaiser, Karl der Große oder Friedrich Barbarossa, im Untersberg lebt, entstand in dieser Form erst während der deutschen nationalen Einheits-

Die Raupe des Mondvogels

Die Kapelle auf der Kührointalm

bestrebungen des 19. Jahrhunderts. Die Sage, dass Barbarossa im Inneren eines Berges auf seine Wiederkehr wartet, um die letzte Schlacht zu schlagen und natürlich glorreich gegen seine Feinde zu gewinnen, entsteht in dieser Zeit an verschiedenen Orten Deutschlands, zum Beispiel im Kyffhäuser in Thüringen.

▹ *Wir gehen wieder zurück zur Grünsteinhütte und dort ist der Ausblick auf die Felsen beeindruckend, die steil zu dem unter uns liegenden Königssee abfallen. Oberhalb dieser Weißen Wand, geschützt im dichten Wald, wandern wir weiter und erreichen eine Fläche, die wie ein breiter Grat wirkt. Hier liegen Findlinge im Wald verstreut. Bäume und Steine gehen eine Symbiose ein. Sie umschlingen sich gegenseitig. Manche Stämme scheinen die Steine zu halten und manche Steine halten scheinbar die Bäume: ein beeindruckendes Naturschauspiel. Ein dreigeteilter Stein erregt unsere Aufmerksamkeit. Die Teile sehen aus wie aufeinandergelegt, wie ein riesiges Steinmännchen. Und es hält, es fällt nicht um. Schon seit Tausenden von Jahren liegt er hier – ein Wunderstein.*

Und dann treten wir aus dem Wald und der beeindruckende Berg erhebt sich vor uns. Nikola erzählt mir schon seit Tagen begeistert vom Watzmann, seiner Frau und seinen Kindern. Ich kann diese Familie in dem Berg nicht sehen. Schon vom ersten Blick an war er für mich geprägt von Strenge: Männlich und autoritär strebt er nach oben, mit spitzen, schroffen Felsen. Und jetzt möchte er von mir bewundert werden, aber ich konzentriere mich lieber auf die Blumen, die mich vom Wegesrand her anlachen: die Engelwurz, die Rosen-Malve und der Schwalbenwurz-Enzian. Ich bleibe immer wieder stehen, bestaune und fotografiere sie. Ich finde meine Freude in der Lieblichkeit der Pflanzen.

▸ Endlich begegne ich dem Watzmann! Über der idyllischen und von vielen Wanderern und Radfahrern belebten Kührointalm erheben sich seine beeindruckenden Gipfel. Sie aus dieser Nähe zu

An den Felsen unterhalb der Grünsteinhütte

betrachten – für mich erfüllt sich ein Kindheitstraum. Der Berg zieht mich in seinen Bann, seit ich zum ersten Mal von ihm gehört habe. Aber entweder hat mein Unterbewusstsein aus der Sage eine von einer liebevollen Familie gemacht – oder mir wurde eine andere Legende erzählt als die von dem blutrünstigen König Watze, der mitsamt seiner Familie am Ende von Gott in Stein verwandelt wurde – die grausamen Details wollen wir hier gar nicht nennen, sie sind überall in Berchtesgaden nachzulesen. Möglicherweise ist die Erzählung deshalb so heftig ausgefallen, damit sich die Menschen dem Berg nicht unbedarft nähern. Immerhin haben schon mehr als 100 Bergsteiger hier ihr Leben gelassen.

Trotzdem: Es liegt nicht nur an dieser schönen Alm, die so leicht und über so wunderschöne Pfade zu erreichen ist, dass ich in den sieben Gipfeln nichts Bedrohliches sehe, sondern ich erkenne auch aus der Nähe immer noch die liebevollen Eltern in den Spitzen, Vater und Mutter, ihre Gipfel einander zugeneigt, in ihrer Mitte versammeln sich vertrauensvoll die Kinder. Der Anblick berührt mich auch dieses Mal wieder. Wichtiger als die aufstrebenden Spitzen ist für mich die Höhlung des Watzmann-Kars mit den kleinen Erhebungen, die als die Kinder gesehen werden. Ich sehe also keinen grausamen König, sondern eher eine bergende Mutter.

Der Berg steht über Berchtesgaden, das dem Namen nach der „Sitz der Percht“ ist,

Schwalbenwurz-Enzian (links) und Rosenmalve (rechts)

Die urige Kührointalm unterhalb des Watzmanns

der Berggöttin. Und ich vermute, dass es der Watzmann war, in dem die Menschen diese Göttin sahen und verehrten. Dafür könnte auch sprechen, dass eines der „Kinder" Jungfrau heißt. Dann wäre der Name Watzmann allerdings auch eine nachträgliche Umdeutung: Eigentlich hätten wir es dann mit der Watzfrau zu tun.

▹ *Ich verliere mich im Anblick der Natur, genieße die sanften Almwiesen auf dem Weg zur urigen Schapbachalm, wo die Kinder der Wirtsleute fröhlich spielen und ein Mann barfuß an der Hütte sitzt und erzählt. Von hier aus blicke ich nach oben zum Watzmann. Die Sonne steht schon tief über seinen Spitzen und schiebt sich langsam darüber hinweg.*

Meinen inneren Frieden finde ich in der Betrachtung der Natur und dem Wissen, dass die Erde in Millionen von Jahren immer noch hier sein wird, unbeeindruckt von uns Menschen und unseren Taten. Und dieser mächtige Berg, egal ob König Watzmann oder Göttin Percht in ihm wohnen, will uns dazu auffordern, verantwortungsbewusst mit Mutter Erde umzugehen und die Natur und ihre Schönheit zu schützen.

▸ Für mich ist der Watzmann der beeindruckendste und heiligste Berg der Region. Und die Berggöttin hält immer noch ihre schützende Hand über die Tiere und Pflanzen um sie herum: Die Kernzone des einzigen alpinen Nationalparks Deutschlands schützt die Natur vor den Eingriffen des Menschen und erhält diese einzigartig schöne Bergwelt.

Ein riesiges von der Natur gebautes Steinmännchen

Ritual

Zitate-Orakel

Kopiere die Zitate und schneide einzelne kleine Zettelchen daraus. Ziehe am Grünstein-Gipfel einen der Zettel wie bei einem Orakel. Lies dein Zitat laut vor und verbinde dich mit dem Text und diesem Ort. Beschäftige dich bis zur Kührointalm mit deinem Spruch. Überlege dir, warum es gerade dieses Zitat ist, das dich heute auf dieser Wanderung begleitet.
Kannst du dich damit identifizieren oder ist es dir komplett fremd? Hat der Text eine Bedeutung für die Art, wie du die Welt siehst, in der du lebst? Spürst du einen Widerstand gegen den Text und seinen Inhalt? Kannst du daraus etwas lernen oder nimmst du einen Impuls für deinen Alltag mit? Was will er dir sagen, auf deinem Weg bis unterhalb des Watzmanns? Solltest du das Bedürfnis haben, dann schreib deine Erkenntnisse in Stichwörtern am besten auf einzelne kleine Zettel. Wenn du magst, mache ein Ritual: Bewahre die Zettelchen in einer besonderen Box auf, vergrabe oder verbrenne sie, entscheide intuitiv, was du damit machen möchtest.

Enttäuscht vom Affen, schuf Gott den Menschen.
Danach verzichtete er auf weitere Experimente.
(Mark Twain, amerikanischer Schriftsteller, 1835-1910)

Wenn man die Natur wahrhaft liebt,
so findet man es überall schön.
(Vincent van Gogh, niederländischer Maler, 1853 - 1890)

Die Natur muss gefühlt werden.
(Alexander von Humboldt, deutscher Naturforscher, 1769 - 1859)

Krankheiten befallen uns nicht aus heiterem Himmel,
sondern entwickeln sich aus täglichen Sünden wider die Natur.
Wenn sich diese gehäuft haben, brechen sie unversehens
hervor.
(Hippokrates, griechischer Philosoph, 460 v. Chr. - 370 v. Chr.)

Geh aufrecht wie die Bäume, lebe Dein Leben so stark wie die Berge, sei sanft wie der Frühlingswind, bewahre die Wärme der Sonne im Herzen und der große Geist wird immer mit Dir sein. Was willst Du mehr wissen?

(Sun Bear Vincent LaDuke, Anishinabe-Indianer, 1929 - 1992)

Wir leben in einem gefährlichen Zeitalter.
Der Mensch beherrscht die Natur, bevor er gelernt hat, sich selbst zu beherrschen.

(Albert Schweitzer, deutsch-französischer Arzt, 1875 - 1965)

Schau dir die Natur an und du wirst alles verstehen.

(Albert Einstein, deutscher Physiker, 1879 - 1955)

Blumen sind die schönen Worte und Hieroglyphen der Natur, mit denen sie uns andeutet, wie lieb sie uns hat.

(Johann Wolfgang von Goethe, deutscher Dichter, 1749 - 1832)

Wir zerstören Millionen Blüten, um Schlösser zu errichten, dabei ist eine einzige Distelblüte wertvoller als tausend Schlösser.

(Leo Tolstoi, russischer Schriftsteller, 1828 - 1910)

Liebe die Tiere, liebe jegliches Gewächs und jegliche Dinge! Wenn du alles liebst, so wird sich dir das Geheimnis Gottes in allen Dingen offenbaren, und du wirst schließlich alle Welt mit Liebe umfassen!

(Fjodor Dostojewski, russischer Schriftsteller, 1821 – 1881)

10

Der Weg der Quellen

Von St. Bartholomä zur Eiskapelle

2:30 h Gehzeit

8,0 km Länge

767 hm **leicht** (das letzte Stück zur Eiskapelle: **schwer**)

Blick auf den Königssee und St. Bartholomä

Kaum jemand weiß heute noch, dass die Kirche von St. Bartholomä einst gebaut wurde, um ein keltisches Quellheiligtum zu christianisieren. Dass Menschen aller Zeiten hinter dem Königssee am Fuße der Watzmann-Ostwand besondere spirituelle Erfahrungen machen konnten und bis heute machen, erklärt sich in dieser Kulisse von allein. Und so erwandern wir drei Gotteshäuser: Die Bartholomäus-Kirche, die Kapelle über dem alten Quellheiligtum und die Eiskathedrale im meist ganzjährig vorhandenen Watzmann-Schneefeld.

Wegbeschreibung:
Von der Anlegestelle gehen wir durch die Kirche und dahinter ein Stück am See entlang. Dann biegen wir nach links ab. Der Weg zur Eiskapelle ist ausgeschildert.

Auf dem Rückweg gehen wir unterhalb der kleinen Johann-und-Paul-Kapelle an der Kreuzung nach rechts und folgen dem Bach bis zum Königssee. Dort wenden wir uns nach links und wandern zurück nach St. Bartholomä.

Ausgangspunkt in 83471 Schönau am Königssee:
Schiffsverbindung nach St. Bartholomä

Wegbeschaffenheit:
Guter Bergpfad bis zum Bach unterhalb des Gletschers. Von da an schwieriges, alpines Gelände bis vor der Gletscherhöhle. Bei Schnee nicht möglich

Am Weg:
Königssee, Wallfahrtskirche St. Bartholomä, Kapelle St. Johann und Paul, Eiskapelle

Besonderheit:
St. Bartholomä ist nur mit dem Schiff von Schönau am Königssee zu erreichen. Dort gibt es einen großen Parkplatz und eine Bushaltestelle in der Nähe des Fähranlegers (www.seenschifffahrt.de).

Zutraulich nähern sich die Gämsen.

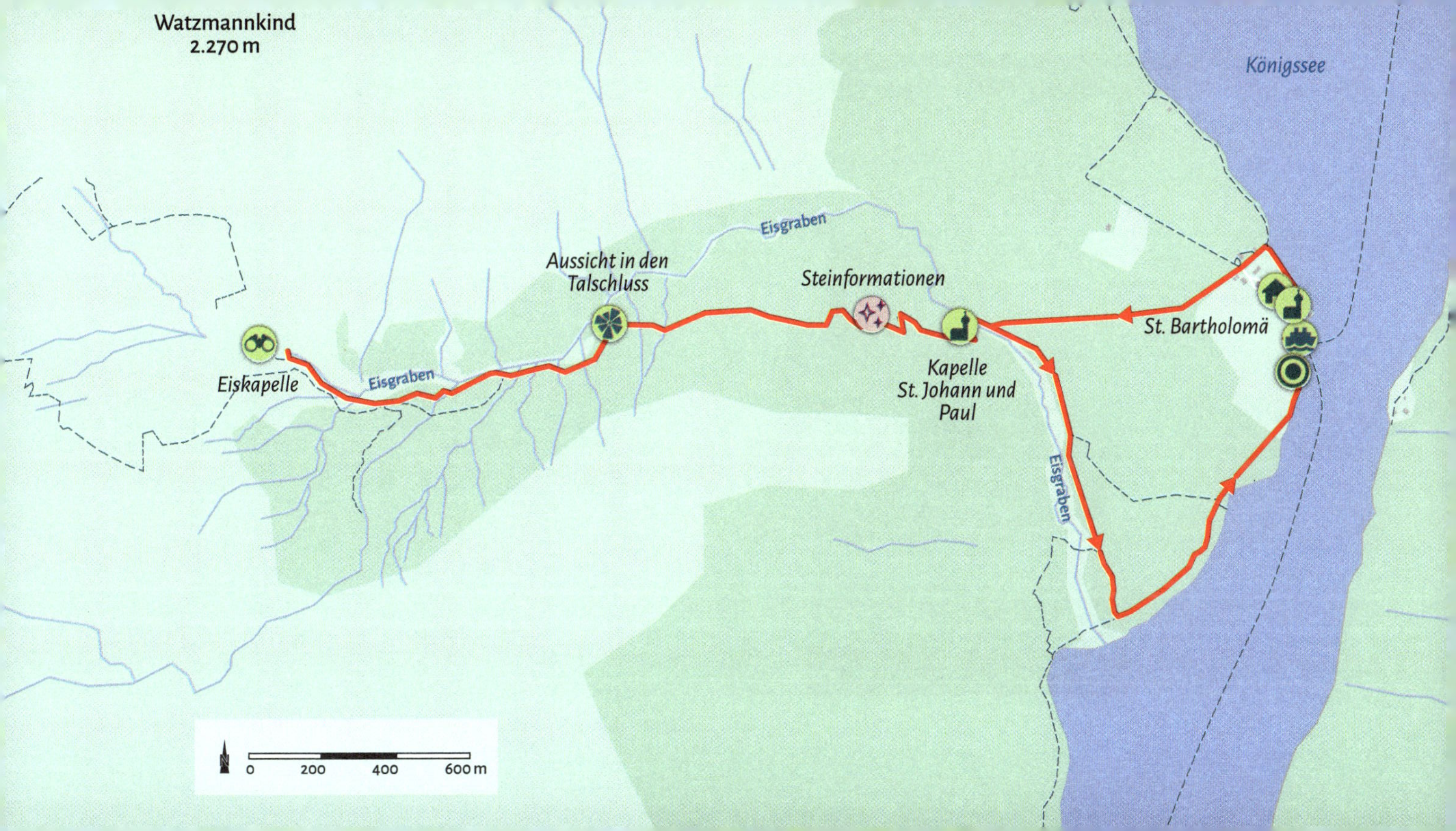
Watzmannkind
2.270 m
Königssee
Eisgraben
Aussicht in den Talschluss
Steinformationen
Eiskapelle
Eisgraben
Kapelle St. Johann und Paul
St. Bartholomä
Eisgraben
N
0
200
400
600 m

Die Wolken geben den Blick frei.

▹ *Über dem Königssee liegt an diesem Morgen dichter Nebel. Unser Schiffsbegleiter erzählt von einem Bootsunglück an der Falkensteiner Wand: Am 23. August 1688 seien hier 71 Wallfahrer ums Leben gekommen. Ein rotes Kreuz am steilen Felsen erinnert an die Menschen, die nie ihr Ziel, die Wallfahrtskirche St. Bartholomä, erreicht haben. Ich sehe mich um, die anderen Gäste fotografieren, halten ihre Handys aus den Fenstern. Sie möchten das beste Bild von diesem mystischen See und der Morgenstimmung einfangen, seine spezielle Magie mit nach Hause nehmen. Ich werde still und bin bei mir und dieser besonderen Stimmung.*

Unser Schiffsbegleiter holt seine Trompete hervor und spielt ein Lied, das von den Felsen als Echo widerhallt. Es ist beklemmend und schön zugleich. Immer schon mussten die Pilger das letzte Stück des Weges mit dem Boot über den See zurücklegen. Egal ob von Schönau aus oder über die Berge vom Pinzgau kommend. Erst 1880 legte der Alpenverein einen Bergpfad an, der direkt vom Steinernen Meer bis zur Wallfahrtskirche St. Bartholomä führt. Der Mann erzählt uns, dass der See so tief ist, dass Ertrunkene nicht mehr auftauchen, er nimmt sie für immer auf in seine grünen Arme. Die Magie der Felsen, die Nebelschwaden und das Wasser, das grau unter uns vorbeizieht, verlangsamen meine Empfindungen. Es ist wie die Fahrt in eine vergangene Zeit, in ein anderes Leben.

▸ Die Halbinsel Hirschau mit St. Bartholomä ist wirklich ein außergewöhnlicher Ort. Doch selbst an diesem Morgen, an dem wir mit einem der ersten Boote hierhergekommen sind, ist es spürbar, dass dieser Platz unter den vielen Touristen ächzt. Die Wallfahrtskirche, die im Jahr 1134 errichtet wurde, ist heute dem Patron der Senner und Sennerinnen, dem heiligen Bartholomäus, geweiht. Gegründet wurde sie allerdings zu Ehren der „Allerheiligsten Dreifaltigkeit und der Gottesmutter Maria". Den vermutlich entscheidenden Anlass für den Bau der Kirche bot das etwa einen Kilometer westlich im Wald am Eisbach gelegene, keltische Quellheiligtum. Viel später, nämlich erst im 17. Jahrhundert, wurde über den Quellen die kleine Kapelle errichtet, an der wir noch vorbeiwandern werden.

Die Kirche am See war bald zu klein für den großen Besucheransturm, der schon damals eingesetzt hatte. Die Verantwortlichen störten sich alten Schriften zufolge allerdings auch daran, dass sie einem Götzentempel gleiche. Aus beiden Gründen wurde die Kirche im 17. Jahrhundert vergrößert und erhielt dabei ihr barockes Äußeres, das sie bis heute schmückt. Neben Bartholomäus fanden zwei weitere Altäre unter den berühmten drei Kuppeln Platz, geweiht dem Jakobus, dem Patron der Pilger, und Katharina. Wo Katharina ist, sind meist Barbara und Margarete nicht weit, die drei Bethen, die drei heiligen Frauen der vorrömischen Zeit – ein Kult, der sich noch lange gehalten und sich zum Beispiel hinter der Verehrung dieser drei Heiligen oder eben der Dreifaltigkeit verborgen hat. Da auch diese Kirche ursprünglich der – christlichen – Dreifaltigkeit und Maria geweiht war, liegt für mich die Vermutung nahe, dass an dem Quellheiligtum am Eisbach die Bethen verehrt wurden – offenbar mindestens bis ins 17. Jahrhundert hinein. Selbst ein Patronatswechsel musste her, für den immerhin die Allerheiligste Dreifaltigkeit dem „einfachen" heiligen Bartholomäus weichen musste.

Die Kapelle über dem alten Quellheiligtum

Vielleicht spricht mich die Kirche deswegen so wenig an: Ihr ist ihr Ursprung genommen worden.

▹ *Das Wasser des Sees, die Felsen, der Nebel, der sich langsam lichtet, und die verspielte Kirche mit ihren barocken Türmen: Ich bin wie gebannt von der Magie und der Mystik. Ich denke an die Legende vom armen Berthold, der gerne seine Geliebte heiraten wollte und der Schwanenjungfrau am Königssee begegnete. Sie führte ihn zum Schatz – zum weißen Gold, dem Salz von Berchtesgaden – und so zu Reichtum. Damit hatte er die Möglichkeit, seine Angebetete endlich zu heiraten. Das Paar lebte glücklich und vereint durch die Kraft und Magie der Weißen Jungfrau vom Königssee. Viele Legenden ranken sich um den verborgenen Schatz im See. Aber noch wird er gut bewacht und es ist bisher niemandem gelungen, ihn zu finden.*

▸ Quellen galten den Kelten als heilig und unter der kleinen Kapelle am Eisbach entsprang gleich aus vier Quellen das Wasser des Lebens. Als wir uns durch den Wald dem eigentlichen alten Heiligtum nähern, ist es immer noch verhangen, der Nebel hat sich noch nicht gelichtet, aber trotzdem habe ich das Gefühl, innerlich hell zu werden. Und als wir am Bach unterhalb der Kapelle ankommen, heben sich die Wolken und der Berg zeigt sich zum ersten Mal an diesem Tag. Beglückt und dankbar gehen wir über die Brücke und zu der kleinen Kirche. Sie ist auf vier Quellen errichtet und direkt an einen Felsen gebaut. Mir fällt als erstes die hölzerne Tür auf: Sie ist rot gestrichen und über und über mit Schnitzereien versehen. Menschen schreiben sich hier dem Ort ein, machen sich zu einem Teil von ihm. Mir geht es genau andersherum: Der Ort hat mich längst ergriffen, er hat mich zu einem Teil von sich gemacht.

▹ *Zwei Felsen vor der Kapelle im Wald: Die Schultessteine erzählen die Geschichte von einem unglücklichen Vater, der seine Tochter betrauert. Im Sommer 1826 wurden die Gedenktafeln mit den lateinischen Sprüchen angebracht: „Der Seele der keuschen Liana, der Reinsten, und die aufrichtig der geheiligten Kunst ergeben war, setzt er diesen Gedenkstein. Sie war 22 Jahre alt." Wieder eine weiße und reine Jungfrau. Ich schaue hinauf zu den schroffen Felsen, die jetzt endlich vom Nebel freigegeben werden, und die beeindruckende Bergwelt breitet sich vor meinen Augen aus.*

Der Eisbach fließt in einem breiten und hell leuchtenden Bachbett nach unten zum See. Ich freue mich darauf, später dorthin zu gehen, aber zuerst möchten wir zur Eiskapelle.

▸ Andrea ist zwischen die Steine abgebogen, mich zieht es zuerst hinauf. Ich möchte wieder aus dem Wald heraustreten, ich sehne mich nach der Aussicht auf die Berge. Der Weg wird eben und mein Schritt schneller, als ich plötzlich das Gefühl habe, als hielte mich etwas zurück. Ich kann gar nicht anders, als langsamer zu werden. Und da entdeckt Andrea unterhalb des Weges ein Rudel von Gämsen. Wir bleiben stehen und beobachten die Tiere, die aussehen, als würden sie zwischen den Bäumen spielen.

▹ *Nikola ist voraus, ich bleibe zurück. Ich möchte mich in diesem Wald verlieren. Sehe besondere Felsformationen und gehe zu ihnen, um sie zu erkunden. Stelle mich zwischen sie und lasse mich von der lichtvollen Energie anstecken. Ich komme zu einem Stein am Wegesrand, der mich an eine gebeugte, alte Frau erinnert. Ihr Kopf neigt sich der Erde zu, liebevoll kommt mir ihre Energie entgegen. Ich umrunde sie und da sehe ich, dass schon viele andere vor mir hier waren. Halbedelsteine und andere Opfergaben liegen verteilt um den Stein. Liebevoll und aufrichtig werden hier Rituale begangen. Ich fühle mich wohl, lege eine Kupfermünze dazu und bin dankbar, an so einen besonderen und wunderbaren Ort geführt worden zu sein.*

▸ Ich muss nicht unbedingt auf einem Gipfel stehen, um Gott in den Bergen zu begegnen. An der Stelle, wo sich mir zum ersten Mal der Blick in den Talschluss öffnet – über dem Bach, unterhalb der Watzmann-Ostwand –, beginnt für mich dieses Berggefühl, durch das ich mich verändern lassen kann, sodass Gott oder Göttin es leichter hat, sich mir zu zeigen. Dieses Gefühl saugt unmittelbar jeden Alltagsgedanken aus mir heraus, ich fühle mich konzentriert auf das, was wirklich wichtig ist. Wenn ich „ich" sein will oder wenn ich herausfinden möchte, wer dieses „Ich" eigentlich ist, dann helfen mir die Berge. Hier kann ich mich – mit der göttlichen Hilfe und wenn ich mutig bin – als die sehen, die ich bin, unverstellt und echt.

▹ *Ein Stein fällt mir auf, dessen Form mich an eine Schildkröte erinnert. Ich besuche diesen steinernen Freund, berühre ihn und erfreue mich an seiner freundlichen Energie. Geborgen fühle ich mich an seiner Seite, über mir die Bergwände, die mich umschließen. Nikola geht zur Eis-*

Eine Steinformation, die an eine Schildkröte erinnert

Das Wasser des Eisbaches macht dem Namen Ehre.

höhle, während ich zwischen den Steinen bleibe, die mir wie gute Freunde erscheinen. Ich erkunde sie und genieße den Blick zur Eiskapelle, deren Eingang wie eine verwunschene weiße Höhle mystisch zu mir herüberleuchtet. Ich bewundere sie nur aus der Ferne und freue mich an der Energie, die hier an den mächtigen Felswänden unterhalb des Watzmanns hoch und sirrend ist.

▸ Es sieht so kurz aus, das letzte Stück bis zur Eiskapelle. Davon lasse ich mich nicht täuschen. Der schmale und steinige Pfad braucht meine ganze Konzentration. Mir schwirrt der Kopf, als würde ich mich in einem Magnetfeld bewegen. Manchmal habe ich das Gefühl, etwas würde um mich herumfliegen, aber da ist nichts. Ein eigenartiges Energiefeld hat sich hier aufgebaut und es kostet nun auch mich fast etwas Überwindung, weiterzugehen. Ich möchte in nichts eindringen, wo ich nicht hingehöre. Und so bleibe ich ehrfurchtsvoll vor der Kathedrale aus Eis stehen, die sich meterhoch in einem großen Bogen über den Bach wölbt. Die Kuppel bildet den Ausgang eines riesigen Schneefeldes, das sich aus den Schneemassen des Watzmanns bildet, die bis in den Sommer hinein hier hinunterstürzen. Es tropft überall, als würde es regnen, über der Höhle sehe und höre ich Wasserfälle und aus ihrer Mitte ergießt sich der Eisbach ins Tal.

Das Wasser des Lebens. Ich stelle mich unter die Tropfen, als würde ich um die Taufe bitten, und schaue dem Wasser nach, das ins Tal fließt – das Leben aus der Kälte. Vielleicht ist auch das die Botschaft, die mir die Bergwelt immer wieder schenkt: Nicht die Starrheit, nicht die Versteinerung, nicht die Kälte haben das letzte Wort. Das letzte Wort hat das Leben.

▹ *Wieder auf dem Rückweg sehen wir im ausgetrockneten Bachbett plötzlich wieder das Rudel Gämsen. Wir gehen auf sie zu und im Wald kommen uns die Tiere so nahe, dass wir sie fast streicheln können. Wir bleiben wie gebannt stehen und beobachten die Tiere, die sich in unserer Nähe ganz unbefangen bewegen. Ein Mann erklärt uns, dass die Gämsen hier im Kerngebiet des Nationalparks nicht geschossen werden dürfen und deshalb so zutraulich sind. Sie haben keine Angst vor uns Menschen, weil sie die Gefahr gar nicht kennen. Ich denke an die Saligen oder Wilden Frauen, wie sie hier genannt werden, die Weißen Jungfrauen, die im Berg in ihren Schlössern leben und von den Gämsen als Krafttiere begleitet werden. Sie wären hier selig, an diesem Ort, an dem die Tiere nicht gejagt werden dürfen. Und ich freue mich, dass es solche Oasen für die Wildtiere heute noch gibt.*

Am strahlenden und leuchtenden Bachbett des Eisbaches unterhalb der Kapelle ziehen wir uns die Schuhe aus und stellen uns ins Wasser. Es ist eiskalt und wir halten es nicht lange aus. Die Kälte fährt uns direkt von den Füßen in den Kopf. Hier fühlen wir uns noch einmal verbunden mit der Energie der Eiskapelle und ihrer mächtigen Kraft.

Entlang des Bachbetts gehen wir zurück zum See. Wie ein Fjord liegt er zwischen den Felsen, grün wie ein Drache, der sich von einem Ufer zum nächsten erstreckt. Wir hören das Röhren der Hirsche von der anderen Seite des Sees zu uns herüberhallen. Ihre Brunftzeit hat jetzt im September gerade begonnen.

Die Hirsche, der Drache, die Schwanenjungfrau, die Gämsen, die Wilden Frauen: Hier am Königssee ist es, als ob man selbst Teil von Sagen und Legenden werden könnte. Darstellerin in der heiligen Natur zwischen der Wallfahrtskirche St. Bartholomä und der Eiskapelle unter dem Watzmann.

Die Eiskapelle unter der Watzmann-Ostwand

Ritual
Ein Wunsch-Stein für die Weise Alte

Auf dem Rückweg darfst du an der „Steinernen Alten" ein Ritual machen. Sie ist eine besondere steinerne Mutter, die sich freut, wenn ihre Kinder kommen und ihr etwas opfern.

Nimm dir einen Stein mit auf den Weg oder suche einen besonderen Stein im Bachbett vor dem Weg zur Eiskapelle. Wähle bewusst einen aus, der dir gefällt oder der für dich symbolisch für etwas steht. Besprich deinen Stein mit dem Wunsch und lege ihn der Weisen Alten in den Schoß. Du darfst dir etwas wünschen, so wie der Berthold in der Sage. Vielleicht magst du leise ein Gedicht oder Gebet sprechen oder ein Lied singen. Bedanke und verabschiede dich von ihr und dem magischen Ort.

Besuche die kleine Kapelle über den Heilquellen und sprich auch hier deinen Wunsch nochmals aus. Gehe dann zum Bachbett und, wenn es die Temperatur zulässt, stelle dich in das eiskalte Wasser und lass dort deinen Wunsch los. Glaube daran, dass er mithilfe der Weisen Alten und der Schwanenjungfrau erfüllt wird. Sei ein Teil der Sagen und Legenden vom Königssee.

Ein geeigneter Ort für ein Wunschritual: der Stein der Weisen Alten

11

Der Weg in die Mitte

Auf dem Königsweg zum Königsberg

5:00 h Gehzeit
13,0 km Länge
805 hm mittel

Von der Sonne beleuchtet: die Königstalalm

Hinter dem Jenner gibt es einen Berg, der niedriger ist als alle um ihn herum. Dennoch trägt er den erhabenen Namen Königsberg. Als dürften sich seinem Gipfel nur wenige Auserwählte nähern, ist es hier menschenleer und ruhig – inmitten des doch sehr ausgeprägten Tourismus am Jenner. Für uns ist die Wanderung auf den Königsberg eine Wanderung in die Mitte und in die Geborgenheit der Natur.

Der Weg ins Königstal

Wegbeschreibung:

Am Ende des Parkplatzes Hinterbrand, dort, wo die Straße in einer Kehre weiterführt, steht links eine Tafel, neben der der Wanderweg zur Jenner-Mittelstation abzweigt. An der größeren Kreuzung geht es geradeaus hinauf zur Mittelstation und an dieser vorbei zunächst Richtung Hugo-Beck-Haus. Der Weg führt ab der Hütte über einen schmalen, manchmal rutschigen Pfad zurück auf den Königsweg, der uns Richtung Königsbachalm führt.

Wir bleiben auf dem bequemen Weg, bis an einer Abzweigung rechts unter uns die Königsbachalm auftaucht. Ein kleiner Ausflug zu dieser Alm hinunter ist durchaus empfehlenswert.

Der eigentliche Wanderweg führt an dieser Abzweigung nach links steil den Berg hinauf Richtung Schneibsteinhaus. Bald zweigt nach rechts der Weg Richtung Priesbergalm ab, den wir aber ignorieren. Kurz darauf erreichen wir eine Art Plateau.

Direkt danach zweigt von dem Hauptweg nach rechts der Weg zur Königstalalm ab. Er führt uns durch ein wunderschönes Tal unterhalb der Bärenwand und auf das Teufelsgemäuer zu. In einigen Serpentinen steigt der nun breiter gewordene Weg ein steileres Stück hinauf. Oben erreichen wir die weiten Wiesen im Talkessel der Königstalalm.

Direkt in der ersten Rechtskurve, die zur Alm führt, zweigt nach links ein Pfad ab. Dieser führt gut sichtbar auf eine Art Zwischenetage, rechts unterhalb ist die Talsohle. Wir wandern zunächst genau auf die felsige Scheffelspitze und dann auf den Berghang an der linken Seite des Talkessels zu, der weitgehend ein Wiesenhang ist. Links der Wiese befindet sich ein kleines Wäldchen und auf dessen rechten unteren Rand bewegen wir uns auf dem Pfad zu. Dieser schlängelt sich durch das Wäldchen und führt uns bald auf den beeindruckenden Aussichtsgipfel des Königsbergs.

Hinterer Brandkopf
1.156 m
Parkplatz Hinterbrand
Brettgabel
1.805 m
Jennerbahn
Mittelstation
Dr.-Hugo-Beck-Haus
Mitterkaseralm
Jenner
1.874 m
Bergstation
Jenneralm
Pfaffenkegel
1.850 m
Carl-von Stahl-Haus
Schneibsteinhaus
Königsberg
1.656 m
Bärenwand
Arena
Königstalalm
Königsbachalm
Altarsteine/
Schlupfsteine
Farnleiten
1.716 m
N
0
200
400
600 m

Auf dem Königsberg steht eine kleine Holzbank, hinter der der Weg genau geradeaus weiterführt. So gehen wir auf das oben am Berg sichtbare Carl-von-Stahl-Haus zu, erreichen aber zunächst die Rückseite des Schneibsteinhauses und über dessen Terrasse wieder den Hauptweg.

Nach einem kurzen Abstecher zum Stahl-Haus nehmen wir auf dem Weg zurück direkt rechts die Abzweigung Richtung Mitterkaseralm. Noch einmal steigt der Weg kräftig an. Wer mag, kann hier den Jenner besteigen und mit der Bahn hinunterfahren (siehe Tipp). Wir wandern aber steil hinunter an der Mitterkaseralm vorbei und erreichen eine Kreuzung, wo man sich noch einmal für zwei Varianten zurück nach Hinterbrand entscheiden kann. Wir wählen hier die steilere Variante über die Krautkaseralm.

Ausgangspunkt in 83471 Berchtesgaden:
Parkplatz Hinterbrand, Scharitzkehlstraße

ÖPNV:
Bushaltestelle „Hinterbrand"

Wegbeschaffenheit:
Breite Wanderwege bis zur Königstalalm, danach bis zum Schneibsteinhaus unmarkierter, aber gut sichtbarer Pfad. Ab Abzweigung zur Jennerbahn extrem steiler Abstieg. Bei Schnee nicht möglich

Am Weg:
Tal auf dem Weg zur Königstalalm, Aussichtsberg Königsberg, Carl-von-Stahl-Haus

Tipp:
Der Abstieg auf dieser Route ist ausgesprochen steil. Wer seine Knie schonen muss oder möchte, sollte zur Jennerbahn aufsteigen, bis zur Mittelstation hinunterfahren und von dort aus zurück zum Parkplatz wandern. Natürlich ist es auch möglich, mit der Jennerbahn zur Mittelstation zu fahren und die Runde dort zu beginnen und zu beenden.

Einkehr:
Dr.-Hugo-Beck-Haus, Schneibsteinhaus, Carl-von-Stahl-Haus, Mitterkaseralm (Öffnungszeiten beachten)

▹ *Im Berchtesgadener Kessel, der von allen Seiten schwer zugänglich und klimatisch unwirtlich war, haben sich nachweislich erst spät Menschen angesiedelt. Der Name der Stadt Berchtesgaden, der Garten der Winter- und Berggöttin Percht, lässt allerdings vermuten, dass es hier Ritualplätze gegeben hat und dass sich die alten heidnischen Kulte noch lange Zeit erhalten haben.*

Unser Weg führt uns um den Jenner herum, über idyllische Almwiesen wandern wir mit Blick auf den Watzmann und die umliegenden Berge zur Königsbachalm.

Dort treffen wir auf einen Ranger des Nationalparks Berchtesgaden. Er erzählt uns freudig von den fünf Adlerpaaren, die auf der deutschen Seite brüten, aber in Österreich jagen. „Die Vögel scheren sich eben nicht um die Landesgrenzen", sagt er lachend. Für manche Tiere wie die Murmeltiere oder „Mankei", wie sie hier liebevoll genannt werden, kann ein solcher Ausflug jedoch tödlich enden, denn nur in der Kernzone des Nationalparks dürfen sie nicht gejagt werden. „Sie kommen dann ausgestopft zurück", der Ranger lächelt etwas gequält und weist auf das Murmeltier auf dem Tresen im Infostand. Er erklärt uns, dass in der Kernzone auch der Wald sich selbst überlassen wird. Was umfällt, fällt um und bleibt liegen, es verrottet und bietet wieder Lebensraum für Tiere, Insekten und Pflanzen. Was nachwächst, wächst eben nach. Und das Wild, Gämsen, Steinböcke, Hirsche und Rehe, werden nicht geschossen.

Wie eine Sitzschale wirkt dieser Stein.

Über dem Königstal erhebt sich die Bärenwand.

Als wir weitergehen, spüre ich, dass sich die Natur hier tatsächlich anders anfühlt – wie ein Stückchen Paradies. Die Wälder ursprünglich, die Wiesen mit Blumen bedeckt und die Tiere ohne Scheu.

▸ Von der Königsbachalm geht es steil hinauf. Als wir links eine Art Bachbett erreichen, haben wir beide das Gefühl: Ab hier verändert sich etwas. Hinter der nächsten Kurve kommen wir auf eine fast runde freie Fläche. Wie ein altes Theater wölbt sich das Plateau nach innen, der Weg durchschneidet den Platz, der unsere Fantasie anregt. Als ich auf der Wiese einen Stein entdecke, der wie ein Sessel geformt ist, sehe ich in ihm einen Thron. Einer musste ja hier irgendwo am Königsweg zwischen Königsberg und Königssee stehen.

▹ *An der Abzweigung ins Königstal steht ein besonderer Baum, ein Ahorn. Er zieht mich magisch an. Ich muss ihn berühren und Kontakt aufnehmen. Mit ihren meist kurzen Stämmen und den ausladenden Ästen stehen diese Bäume oft allein und sind auch noch auf 1.800 Meter Höhe anzutreffen. Dieser fühlt sich an wie eine starke Schulter, an die ich mich anlehnen kann. Er beschützt und gibt ein Gefühl von Heimat und Sicherheit.*

▸ Die Menschen ziehen auf dem breiten Weg weiter Richtung Schneibsteinhaus, so als würde es diese Abzweigung gar nicht geben. Fast wirkt es so, als würden wir etwas sehen, was den anderen verborgen bleibt, und vielleicht sind wir in diesem Moment ja selbst unsichtbar, jedenfalls nimmt niemand Notiz von uns.

Für mich fühlt es sich tatsächlich so an, als träten wir in eine andere Welt. Und so tauchen wir ein in das vielleicht mystischste Tal der ganzen Region: das Königstal unterhalb der Bärenwand. Wenn es irgendwo in diesen Bergen ein Zeitloch gibt, wenn sich irgendwo ein Fenster öffnet, durch das sich plötzlich der Weg in die Mitte auftut, dann haben wir es hier gefunden.

Jeder Stein trägt ein Gesicht. Ein riesiger Felsen, bestimmt zehn Meter hoch, sieht aus wie ein überdimensionierter Altar. Wir stellen uns beide darunter, legen unsere Hände auf den Stein, schauen auf das kleine Holzmarterl und werden andächtig – anders kann man das nicht beschreiben. Ich fühle mich verbunden mit den Menschen, die das Bild gemalt haben. Maria, die auf der Tafel als „Große Himmelsfrau" bezeichnet wird, Antonius, der gegen Viehkrankheiten angerufen werden kann, und der Heilige der Bauern, Leonhard. Sie haben sich genau hier versammelt, das Gemälde zeigt sie in diesen Bergen. Darunter kniend ein Bauernpaar, er mit einem Kind, sie in Sonntagstracht, um Schutz für sich und ihr Vieh betend.

Schutz für Mensch und Vieh erbittet die Tafel am „Altarstein".

Links: Der Baumstamm erinnert an eine Bärin.

Rechts: Überall zeigen sich Gesichter in den Steinen.

▹ *Die Bärengöttin Artio kommt mir in den Sinn. Wird sie sich mir in diesem magischen und verwunschenen Tal an der Bärenwand zeigen? Ich gehe zu einem großen Schlupfstein, schlüpfe durch und berühre ihn liebevoll. Er ist wie ein weiser Freund. Was für ein magischer Ort, unberührt und rein. Es ist mir, als ob die Bärengöttin meine Hand nimmt, als ob ihre weibliche Stärke mir ein Gefühl von Halt und Sicherheit gibt: „Du wirst deine Heimat und dein Zuhause finden. Vertraue darauf und gehe deinen Weg weiter."*

Als wir die Königstalalm erreichen, geht unser Blick in ein idyllisches Tal, an dessen Ende ein pyramidenförmiger riesiger Felsen wacht, dahinter das Teufelsgemäuer.

Die Wiese steht voller Heilpflanzen. Ich fühle eine große Ehrfurcht der Natur gegenüber, die alle Schönheit hervorbringt, bin überwältigt, demütig und dankbar.

In dem kleinen Wäldchen am Weg zum Königsberg sehe ich einen abgebrochenen Baumstamm, der wie ein Bär geformt ist. Ich gehe zu dem Stamm und berühre ihn, lasse mich kurz in die Welt der Bärin mitnehmen.

Und dann trete ich aus dem Wald und das Panorama ist überwältigend. Immer wieder muss ich mich umdrehen und zurückblicken auf die Bergwelt des Steinernen Meeres. Ich kann nicht genug bekommen von den Berggesichtern, die mir entgegenblicken.

▸ Als wir uns dann dem Gipfel des Königsberges nähern, können wir unser Glück kaum fassen. Er ist eigentlich der niedrigste aller umgebenden Berge, aber trotzdem haben wir hier auf diesem Wiesenhang das Gefühl, dass die ganze Berchtesgadener Bergwelt uns zu Füßen liegt. Aber natürlich nicht uns, sondern dem Königsberg. Warum sonst sollte ausgerechnet dieser Hügel genau diesen Namen tragen. Ich kann manchmal nicht aufhören, etwas immer wieder und wieder zu sagen, wenn es mir besonders wichtig ist. Andrea neigt dazu normalerweise nicht. Aber hier wiederholt sie wie ein Mantra – und ich empfinde es genauso: „Es ist, als wären wir in der Mitte von allem.“

Im Licht der Nachmittagssonne liegt das Schneibsteinhaus.

▹ *Es ist erhebend, magisch und einfach wundervoll. Wir sind ein Teil der Berge, sie tragen und heben uns empor. Sie erzählen uns von Freiheit und Leichtigkeit. Die Zeit verliert ihre Bedeutung. Ich muss nicht denken, darf einfach nur diese wunderbare Natur erspüren und erfahren. Ich fühle mich auserwählt und einzigartig, wie eine Königin.*

Und dann sind wir am Carl-von-Stahl-Haus wieder direkt an der Grenze. Ein Schritt: Ich bin in Österreich. Ein Schritt zurück: Ich bin wieder in Deutschland. Wir blicken auf die Berge des Bundeslandes Salzburg und in die andere Richtung zum Jenner in Bayern. Grenzen existieren nur in unseren Köpfen – für die Tiere, die Adler, die Mankei und die Hirsche existieren sie nicht. Sie gehen dorthin, wohin ihr Instinkt sie führt.

Vielleicht sind wir Menschen auch so, denke ich. Oder könnten wieder so werden. Sich wie ein Adler in die Lüfte erheben und einfach frei sein. Mit Weitblick und Erhabenheit, majestätisch von einem Berg zum nächsten gleiten, ohne nur einmal mit den Flügeln zu schlagen. Auf vielen Wanderungen durch dieses Gebiet hat mich der Adler in Gedanken als Krafttier begleitet. Immer wieder habe ich mir eingebildet, seine Schreie zu hören.

▸ Und plötzlich durchschneidet ein Schrei die Luft, so laut, dass wir im ersten Moment fast erschrecken. Nachdem wir heute schon ein ausgestopftes Murmeltier gesehen haben, kommen wir nun einem echten fast genauso nah. Es scheint keinerlei Scheu zu haben. Es ist, als wären wir auch diesem Tier irgendwie verborgen. Erst als eine Gruppe von Wanderern vorbeikommt, verschwindet es in seinem Bau. Der Pfiff, den es dabei ausstößt, weckt uns aus einer Art Entrückung. Ich habe das Gefühl, als hätte uns die Berggöttin Percht mitgenommen in die Mitte ihres Reiches, und nun kehren wir zurück in die Realität.

Ritual

Kurze Meditationsreise zum Krafttier des Königsberges

Der Königsberg eignet sich hervorragend für eine kurze Meditation. Dort steht ein „Bankei", auf dem es sich wunderbar meditieren lässt – in der Mitte von allem.

Schließe deine Augen und werde ganz ruhig. Atme einige Male tief durch und fühle die Verbundenheit mit der Erde und deine tiefe Verwurzelung in ihr.

Stelle dir vor, dass du nach unten einen hellen Strahl in die Erde sendest und nach oben einen in den Himmel.

Andrea vor dem riesigen Altarstein im Königstal

Konzentriere dich auf den Punkt zwischen deinen Augen und wünsche dir, deinem Krafttier zu begegnen. Schau, welches Tier sich dir als erstes vor deinem geistigen Auge zeigt oder an welches du als erstes denken musst. Sollten es mehrere Tiere sein, entscheide dich für eines.

Wenn du weißt, welches Tier es ist, dann öffne die Augen und sieh dich um. Schau dir die Berge rund um dich herum an und denke an dein Krafttier.

Wofür steht dieses Tier? Wie sieht es aus? Was kann es gut? In welchem Land lebt es? All diese unterschiedlichen Informationen über dein Krafttier können eine Botschaft für dich und deine heutige Wanderung enthalten. Denk darüber nach und nimm die Erkenntnisse und Botschaften mit nach Hause. Vielleicht möchtest du das Krafttier des Königsberges ja auch bitten, noch länger als Begleiter in deinem Leben zu bleiben.

Mankei nennen die Einheimischen die Murmeltiere.

12

Der Weg der Talente

Durch die Almbachklamm zur Quelle an der Irlmaier-Madonna und zur Wallfahrtskirche in Ettenberg

4:00 h Gehzeit
10,0 km Länge
380 hm schwer

Die Irlmaier-Madonna über der Quelle

Die Klamm mit ihren zahlreichen Brücken und Stufen, ihren Übergängen und Durchschlupfen, der donnernde Bach, der die Steine ausgehöhlt hat: Es ist naheliegend, den Weg durch die Schlucht nach oben als Sinnbild für den Lebensweg zu nehmen. Dass hier früher Gold gesucht und – wie in der Sage beschrieben – auch gefunden wurde, kann dazu inspirieren, nach den eigenen verborgenen Schätzen und Talenten zu forschen. Die wunderbare Natur am Untersberg und zwei besondere heilige Orte, die Quelle an der Irlmaier-Madonna und die Kirche in Ettenberg, können bei der Entdeckung helfen – und dabei, das Entdeckte dankbar anzunehmen.

Der Untersberg thront über Ettenberg.

Wegbeschreibung:

Durch die Almbachklamm gehen wir bis zur Theresienklause. Dort überqueren wir die Staumauer und gehen direkt nach dem Übergang nach links und folgen dem Tal auf dem schmalen Pfad bis zur Quelle an der Irlmaier-Madonna. An dieser führt unser Weg rechts vorbei und dann weiter am Bach entlang.

Wo der Pfad direkt an dessen Lauf führt, nehmen wir an einem großen Steinblock die Stufen dorthin hinunter. Wir überqueren den Bach allerdings nicht, sondern steigen hinter diesem Block hoch und wandern direkt rechts des Gewässers weiter, allerdings etwas höher als das Bachbett.

Wo wir auf ein weiteres Bachbett treffen, das von rechts kommt, erreichen wir die Abzweigung, die etwas schwer zu erkennen ist. Geradeaus geht es nicht weiter, weil das Wasser die Böschung steil ausgewaschen hat. Etwa 20 Meter davor müssen wir nach rechts ein kleines Stückchen, nicht mehr als zwei oder drei Meter, steil hochsteigen. Der Pfad, der hier im spitzen Winkel über dem Almbachtal zurückführt, ist erkennbar und führt uns fast eben weiter, rechts von uns das schnell abfallende Bachtal, in das wir bald von oben hineinschauen können.

Dann kommen wir wieder an einen Bach, den wir überqueren, bevor wir direkt dahinter schräg rechts hinaufgehen. So erreichen wir einen Wald. An der Weggabelung wandern wir zunächst nach links weiter. Noch einmal gabelt sich der Weg und wir nehmen den rechten, der abwärts an den rechten Rand der vor uns liegenden Wiese führt.

Almbach
Theresienklause
Irlmaier-Madonna
Almbach
Sulzer Wasserfall
unter dem Sulzer Wasserfall
Wallfahrtskirche Ettenberg
Zur Kugelmühle
Untersberger Marmor-kugelmühlen
Almbach
Aussichtspunkt
0
200
400 m

Wir wandern auf Hinterettenberg zu und wenden uns an dem Hof nach links und folgen den Schildern nach Ettenberg. An Kirche und Linde vorbei nehmen wir von dort den gut ausgeschilderten Hammerstielweg hinunter zurück zur Kugelmühle.

Ausgangspunkt in 83487 Marktschellenberg:
Parkplatz am Eingang zur Almbachklamm, Kugelmühlweg 18

ÖPNV:
Bushaltestellen „Kugelmühle" oder „Almbachklamm"

Wegbeschaffenheit:
Gesicherte Wege in der Klamm, zur Irlmaier-Madonna schmaler, aber gut zu findender Pfad, danach ist ein guter Orientierungssinn erforderlich, um den beschriebenen Weg nach Ettenberg zu finden. Es besteht aber die Möglichkeit, von der Madonna zur Theresienklause zurückzugehen und den ausgeschilderten Weg zu nehmen.

Am Weg:
Kugelmühle, Klammweg, Quelle an der Irlmaier-Madonna, Wallfahrtskirche in Ettenberg mit Linde

Besonderheit:
Um durch die Almbachklamm wandern zu können, ist eine Gebühr zu entrichten. Die Klamm ist vom 1. November bis 30. April geschlossen.

Tipp:
Unbedingt lange Hosen tragen, da der Weg zwischen der Quelle und Ettenberg durch sehr hohes Gras führt.

Einkehr:
Mesnerwirt in Ettenberg, Zur Kugelmühle

▸ Wir waren schon einmal hier, haben die Kugelmühle bei ihrer unermüdlichen, vom Almbach angetriebenen Arbeit beobachtet und uns an dem kleinen Verkaufsstand glänzende Kugeln aus dem sogenannten „Untersberg-Marmor" gekauft. Ich musste mir zwei mitnehmen – gleich zwar in der Form, aber völlig unterschiedlich in Maserung und Farbe. Sie haben sich dem sich ewig drehenden Schleifstein widersetzt, der doch nur ein Ziel hat, nämlich alles in die gleiche Größe zu bringen, und sind Unikate geblieben.

Bei unserem ersten Besuch sind wir nicht in die Klamm gegangen, sondern mit dem Plan weitergezogen, an einem anderen Tag wiederzukommen, und zwar so früh, dass wir den Menschenmassen, die sich meistens durch die Klamm schieben, zuvorkommen.

Beeindruckendes Naturerleben in der Almbachklamm

Steinmännchen im Bett des Almbaches

▹ *Schon an der Kasse begegnet uns der Feuersalamander – als lebensechte Figur aus Plastik. Der Feuersalamander bringt die Feuerkraft in unser Leben. Mit seinem glänzenden Schwarz und leuchtenden Gelb ist er der Vertreter der Sonne und der Anderswelt. Er ist ein Seelengefährte, er will uns auf den Seelenweg bringen, unser Verbündeter sein auf der Suche nach unserer Bestimmung. Ich kaufe zwei der Figuren und schenke Nikola eine davon, denn der Feuersalamander ist unser gemeinsames Krafttier.*

▸ Ein Stück weiter treffen wir erneut auf den Feuersalamander, diesmal in Form einer übergroßen Holzfigur, neben einem Schild mit der Einladung, im Almbach Gold zu waschen. Die Sage erzählt, dass eine arme Marktfrau aus Salzburg auf der Suche nach Heilkräutern am Untersberg auf schwarze Kohlen stieß. Sie nahm so viele, wie sie tragen konnte, mit nach Hause, in der Hoffnung, dass sie sich daran für eine Weile wärmen könnte. Doch als sie sie ins Feuer werfen wollte, erkannte sie plötzlich, dass in den schwarzen Kohlen goldene Körner verborgen waren. Am nächsten Tag verkaufte sie das Gold und konnte ihr ganzes Leben lang gut davon leben. Das reichte ihr jedoch nicht und sie kam auf der Suche nach noch mehr Gold immer wieder. Doch sie konnte die Stelle am Untersberg nicht mehr finden.

Es gibt viele Sagen, in denen Menschen reich beschenkt werden. Aber statt sich dankbar zufriedenzugeben und glücklich zu sein, weckt der Reichtum die Gier nach mehr. Meistens enden die Geschichten damit, dass die Menschen dafür bestraft werden, dass sie sich undankbar zeigen. Dies ist hier anders – oder auch nicht: Die Frau kommt immer wieder und schließt niemals Frieden mit dem, was sie hat.

▹ *Schwarz und Gold in der Sage, Schwarz und Gold sind auch die Farben des Feuersalamanders: Das heilige Tier führt uns zu unserer eigenen göttlichen Aufgabe, zu unseren Gaben und Talenten und dadurch zu Fülle und Reichtum. Auf*

Die Irlmaier-Madonna

Blick zum Hohen Göll

dem Weg durch die Klamm, über 29 Brücken und 320 steinerne Stufen denke ich an mein eigenes Leben und die verschlungenen Wege, die ich gehen musste, um meine Talente zu entfalten und zu enttarnen. Ich sehe unser Krafttier, den Feuersalamander vor meinem geistigen Auge, er bestärkt mich: „Finde das Gold auf dem Weg durch das Schwarz. Mach dich frei von allen Hindernissen und Zweifeln. Glaube an dich, sei die Hoffnung, die die Welt braucht. Diene den Menschen abseits von Reichtum und Macht. Du wirst belohnt durch deine glückliche Dankbarkeit und die Fähigkeit, wahrhaft zu lieben."

Mit jedem Schritt werde ich mir meiner Selbst und meines Weges bewusster. Werde mir klar, dass es nicht nur eine Wahrheit gibt, sondern viele, dass jeder Mensch individuell und göttlich ist. Ich bin ein Teil des Göttlichen: dieses Flusses, der Berge, der Bäume, der Pflanzen, des Wassers. Das ganze Universum in mir.

Ich sehe den Wasserfall schon von Weitem, wir biegen ab und freuen uns, dass uns niemand folgt. Wasserfälle haben eine eigene Wirkung auf den Menschen. Sie energetisieren mit ihrer Fallenergie, dem Wind, dem staubenden Wasser, dem Getöse. Dieser jedoch ist sanft, sein Strahl nicht besonders breit und an seinem Becken können wir gefahrlos stehen. Wir genießen die wenigen Minuten, die wir allein an diesem heiligen Ort haben.

▸ An der Theresienklause überqueren wir noch einmal den Almbach, nun über eine Staumauer. Noch bis 1964 wurde für die Holztrift die Schleuse geöffnet, damit die Flutwelle das im Tal für die Salinen dringend benötigte Holz herunterschwemmen konnte. Fast unvorstellbar, mit welcher Macht die bis zu viereinhalb Meter langen Stämme hinunterdonnerten.

Auf der anderen Seite des Baches gehen die meisten Wanderer direkt Richtung Ettenberg. Wir lassen hier den Besucherstrom hinter uns und nehmen den schmalen Pfad am Bach entlang weiter bergauf.

Die Irlmaier-Madonna erwartet uns über einer kleinen Quelle. Die erdfarbene Statue befindet sich über einer kleinen Mauer, aus der unten das Wasser heraustritt. Die Mauer und der Schutzschirm über der Figur geben dem Ganzen etwas Künstliches inmitten der wilden Schönheit der Natur. Und obwohl meinen Augen das Arrangement nicht gefällt, der Ort berührt mein Herz.

▹ *Die Statue der Gottesmutter Maria mit ihrem Sohn überstrahlt den Platz. Unter ihr fließt die Heilquelle unscheinbar aus der Erde und ergießt sich in einen kleinen Bach, der friedlich über den Weg fließt. Die Schöpfergöttin und die Heilquelle: Es ist wie bei den keltischen Ahnen. Obwohl diese nicht einmal eine Abbildung ihrer Göttin brauchten, denn die Natur war ihnen genug.*

Ich ziehe meine Schuhe aus und stelle mich in das Heilwasser, gebe mich ganz diesem Ort hin. Die Esoterikerin und die Theologin an einem Platz in der Natur, an dem aller Glaube und alle Hoffnung von einst und heute zu-

Wallfahrtskirche und Linde vor dem Untersberg

Einblicke in die Schluchten,
die der Bach gegraben hat.

sammenfließen. Hier gibt es keine Glaubensgrenzen und Trennungen. Jede von uns spricht an diesem besonderen Ort ihr persönliches Gebet.

Auf dem nächsten Wegstück können wir dann körperlich erfahren, was es bedeutet, die ausgetretenen Wege zu verlassen. Wir sind zwar nicht die ersten, die den schmalen Pfad zunächst am Bach entlang und dann hinauf nach Ettenberg gehen, aber wir müssen schon ein bisschen Vertrauen in uns und unseren Weg haben, um ihn auch wirklich zu finden. Es war so nicht geplant, aber wir machen immer wieder die Erfahrung, dass die Natur und unsere Wanderungen uns die Lektionen bereiten, die wir gerade brauchen. So wandern wir also zuversichtlich durch das teils schulterhohe Gras und freuen uns, als wir schließlich das sonnige und lieblich-grüne Plateau erreichen. Über uns steht der Untersberg in all seiner Schönheit und von hier aus betrachtet, sieht es so aus, als würde er wohlwollend auf uns hinuntersehen.

▸ Als wir die Wallfahrtskirche Mariä Heimsuchung in Ettenberg erreichen, führt Andrea mich zuerst zu der Linde hinter der Kirche. Wie fast immer steht auch diese Marienkirche neben einer besonderen Naturerscheinung. Auch hier wird erzählt, dass die Kirche erst nachträglich gebaut wurde und die Figur der Gottesmutter zunächst unter einem Lindenbaum gefunden worden sei. Linden gelten als Symbol für Liebe, Frieden, Gerechtigkeit und als Ort, unter dem die Menschen sich in Gemeinschaft treffen.

In der Kirche spricht mich am linken Seitenaltar ein Bild des heiligen Jakobus an, des Patrons der Pilger und Wanderer, der Menschen, die auf der Suche sind nach ihrer Lebensaufgabe und dem Sinn des Lebens. Er trägt die Pilgermuschel an der rechten Schulter, hält in der rechten Hand den Wanderstab und in der anderen ein Buch.

Ein bisschen ist er wie wir, denke ich. Eine große Dankbarkeit überkommt mich für diese wunderbaren Wanderungen, die wir vorangehen, und die inspirierende und heilende Arbeit, die wir machen dürfen. Hier, vor dem Bild des heiligen Jakobus in der Kirche am Untersberg, wird mir klar, dass wir unseren ganz eigenen Weg bereits gefunden haben.

Ritual

Sprich ein Gebet

Heute bist du eingeladen, für dich ein Gebet zu finden oder zu erfinden, das du mit Kraft, Energie und Hingabe sprechen kannst. Die Worte sollen für dich stimmig sein. Egal welcher Glaube dich inspiriert, das Gebet, das du formulierst, soll zu dir passen.

Am Wasserfall kannst du dich energetisieren lassen, hole dir Kraft und Energie von dem Wasserstrahl, der von oben herab in das kleine Becken fällt. Stelle dich hinein oder an seinen Rand und sprich ein kurzes Dankesgebet mit eigenen Worten.

An der Irlmaier-Madonna kannst du dich von dem Wasser der Quelle reinigen lassen. Stelle dich ins Heilwasser oder an die Seite des Baches und gib alles mit, was du nicht mehr brauchst, befreie dich von Altem und Belastendem. Danach sprich das Gebet, das du dir mitgebracht hast.

In der Wallfahrtskirche Mariä Heimsuchung in Ettenberg kannst du dir überlegen, was du hier opfern möchtest. Zünde eine Kerze an, lege einen Stein unter den Lindenbaum, sprich ein Dankesgebet, mache einem Menschen eine Freude, mach dir selbst eine Freude ... Sei kreativ und überleg dir etwas. Danach schreibe einen kurzen Dank in das in der Kirche ausliegende Buch.

Der Salamander aus Holz

13

Der Weg des Schicksals

Über den Untersberg zur Höhle am Steinernen Kaser

2:30 h Gehzeit
5,0 km Länge
320 hm schwer

Der Nebel steigt zur Mittagsscharte auf.

Natürlich gibt es viele – sehr steile – Wege auf den Untersberg, aber wir schlagen bewusst diesen Gang über die Höhen des Massivs vor. Den Berg zu spüren, die Energie auf uns wirken zu lassen, das gelingt leichter, wenn wir vorher nicht 1.400 Höhenmeter überwinden müssen. Zahlreiche Legenden ranken sich um diesen Berg an der Grenze zwischen Bayern und Salzburg, in manchen kann man noch ganz alte heilsame Geschichten vorchristlicher Gottheiten erkennen, manche wurden in der Vergangenheit missbraucht. Für uns beide ist der Berg so etwas wie ein Schicksalsberg, an dem sich Wege für uns aufgetan haben.

Wegbeschreibung:
Von der Bergbahn gehen wir an der Hochalm vorbei auf dem Reitweg Richtung Salzburger Hochthron. Anschließend wandern wir weiter bis zur Mittagsscharte, in die wir knapp 150 Höhenmeter hinabsteigen müssen. In der Scharte stoßen wir auf eine Wegkreuzung. Nach rechts weist ein Schild Richtung „Kanonenrohr".

Nachdem wir nach rechts abgebogen sind, sehen wir schon nach wenigen Metern rechts eine kleine Erhebung und dahinter einen Felsen, auf dem sich die „Steinerner Kaser" genannte Hütte befindet. Direkt unterhalb dieser Hütte befindet sich der Eingang zur Höhle.

Nach dem Besuch der Höhle wandern wir weiter Richtung Kanonenrohr. Der wunderschöne Pfad führt an zahlreichen Höhlen und Löchern vorbei und benötigt sehr viel Aufmerksamkeit, obwohl kaum Höhenmeter zu überwinden sind. Er führt uns zum sogenannten „Kanonenrohr", wo wir auf die Skipiste treffen. Dort biegen wir nach rechts ab und erklimmen erneut den Salzburger Hochthron. Allerdings müssen wir nicht wieder hinauf zum Gipfelkreuz, sondern können auf dem ebenen Skiweg um den Gipfel herumwandern. So erreichen wir wieder den Reitweg zurück zur Bergstation, besuchen vorher allerdings noch den Gipfel des Geierecks, bevor wir uns vom Untersberg verabschieden.

Ausgangspunkt in A-5083 Grödig:
Dr. Oedlweg 2, Untersbergbahn, Start an der Bergstation

ÖPNV:
Bushaltestelle „Untersbergbahn"

Wegbeschaffenheit:
Schwieriger, bei Nässe sehr rutschiger, teils steiler Bergpfad; steiler Abstieg in die Mittagsscharte; flacher, aber Trittsicherheit und Konzentration erfordernder Übergang zum Kanonenrohr, der bei Nebel nicht zu empfehlen ist. Bei Schnee nicht möglich

Am Weg:
Salzburger Hochthron, Mittagsscharte, Höhle am Steinernen Kaser, Geiereck

Einkehr:
Restaurant in der Seilbahnstation, Hochalm

Für das Ritual:
Zettel und Stift

Restaurant
Seilbahnstation
Hochalm
Geiereck
1.805 m
onenrohr
Salzburger Hochthron
1.853 m
Großer Heubergkopf
1.820 m
Höhle am
Steinernen Kaser
Mittagsscharte
0
200
400 m

▹ *Unsere Gondel gleitet entlang der steilen Felswand nach oben. Wir schweben dem Plateau des Untersbergmassivs entgegen und sehen hinunter auf Sankt Leonhard und die Salzburger Bergwelt. Vor drei Jahren war ich schon einmal hier, damals haben sich mir neue Wege für mein Leben gezeigt, und so fühle ich große Vorfreude auf die heutige Wanderung. Der Untersberg, ein Herz- und Seelenberg, das Herzchakra Europas, so hat ihn der Dalai Lama bezeichnet. Auf ihm zu wandern, ist immer anstrengend. Jeder Schritt muss gezielt gesetzt, der Körper immer unter Spannung gehalten werden. Der Untersberg fordert viel, gibt aber auch viel zurück.*

▸ Die Begegnung mit dem Untersberg berührt mich sehr. Das letzte Mal, als ich hier oben war, hatte ich eine Woche zuvor meine Festanstellung hinter mir gelassen. In der Mitte meines Lebens war mir klar geworden, dass ich noch einmal neue Wege gehen wollte. Und so stand ich damals also hier mit keinem anderen Plan, als dass der nächste Weg mich zu Fuß bis ans Mittelmeer führen sollte. Seitdem ist der Untersberg mein persönliches Symbol für Neubeginn und Loslassen.

Zwei Jahre später stehe ich wieder hier, wo alles begonnen hat, und ich bin glücklich und dankbar. So machen wir uns auf den Weg über den für uns beide so bedeutenden Berg.

Unter dem Steinernen Kaser liegt der Eingang zur Höhle.

Der Nebel lichtet sich an der Mittagsscharte.

▹ *Auf dem Weg zum Gipfelkreuz des Salzburger Hochthrons lasse ich mir von den Latschenkiefern helfen. Wie treue Freunde halten sie mich, damit ich nicht ausrutsche. Ihre Äste sind so biegsam und fest wie Seile. Hier am Untersberg gibt es viele dieser strauchartigen Bäume, der verkarstete, steinige Untergrund macht ihnen nichts aus. Manchmal verdecken sie sogar die gefährlichen Löcher, die das Wasser über Jahrtausende in das Kalkgestein gehöhlt hat. Er verändert sich ständig, dieser Berg, in dessen Schoß sich ein verzweigtes Höhlennetz befindet. Ich rieche an meinen Händen und der stark harzige Duft der Latschen steigt mir in die Nase. Er vitalisiert und stärkt mich.*

▸ Ich hatte die Wanderung über den Berg komplett anders in Erinnerung: Mir war, als ob der Weg Richtung Salzburger Hochthron breit und bequem gewesen wäre. Das ist er allerdings nur auf den ersten Metern, dann zeigt sich der Untersberg mit seinem wahren Charakter – und der fordert ganz. An diesem Spätsommermorgen ist es noch recht frisch und der Tau hat die Steine feucht gemacht. Jeder Schritt will also mit Bedacht und Vorsicht gesetzt sein.

Vor uns kraxelt ein Mann, der eine Leiter geschultert hat. Wir haben uns schon in der Gondel gefragt, was er damit wohl vorhat.

Wir treffen ihn auf dem Hochthron wieder, wo er die Leiter ans Gipfelkreuz gelehnt hat, um etwas zu reparieren. Wie eine Himmelsleiter am Kreuz.

▹ *Er kann noch so schwierig sein und seine Wege rutschig und steil – ich genieße jede Minute, die wir auf dem Untersberg verbringen dürfen, fühle mich beschwingt und fröhlich. Wir steigen hinab in die Mittagsscharte: gezielte Schritte, ganze Konzentration auf den Weg. Der Nebel zieht über die Felsen aus dem Tal nach oben. Ich bleibe stehen und lasse mich einhüllen. Es ist, als ob mich die kondensierten Tropfen umfangen und ich ein Teil der Wolken werde. Ich bin so fasziniert, dass ich mich nicht mehr bewegen kann. Es erscheint mir, als ob die Wilden Frauen von den Felsen der gegenüberliegenden Seite winken. Ihre Haare wehen im Wind, die weißen Kleider sind eins mit dem Nebel und ihre Stimmen klingen leise zu mir herüber. Ich verliere mich in den Wolken, in der Zeit.*

▸ Nach dem Abstieg in die Mittagsscharte haben wir unser Ziel erreicht. Aber wir sind nicht allein. Zwei Menschen sind in der Höhle, und wir wollen ihnen ein wenig Zeit lassen. Es ist kurz vor zwölf Uhr und wir haben beide den gleichen Gedanken: Genau zur Mittagszeit werden wir die wenigen Meter hinuntersteigen und auch in den Berg gehen.

Auf dem Weg zum Gipfelkreuz hat jemand ein Jahresrad gezeichnet.

Licht fällt von oben in die Höhle am Steinernen Kaser.

So leise wie möglich bewegen wir uns und setzen uns an den Rand der Höhle. Der Mann und die Frau sind beide ganz vertieft in eine Meditation. Ich sehe die beiden, fühle Andreas Freude, hier zu sein, und empfinde plötzlich eine große Einsamkeit. Ich fühle mich nicht dazugehörig und fehl am Platz.

Ich werde unruhig, bleibe zuerst nur, damit ich die anderen nicht schon wieder mit meinen Schritten störe. Aber dann halte ich es nicht mehr aus in der Höhle. Das ist nicht meins, ich will ans Licht und in die Wärme. Also verlasse ich den Berg und kaum, dass ich draußen bin, kommen mir völlig ohne Ankündigung die Tränen. Was soll das denn jetzt? Ich will nicht weinen und ich wüsste auch gerade gar nicht, warum.

▹ *Leise zünde ich ein Räucherstäbchen und eine Kerze an. Brauche Zeit, um mich an die hohe Energie der Höhle zu gewöhnen. Ich sitze und falle bald in einen meditativen Zustand. Ruhe und Stille breiten sich um mich aus. Die anderen Menschen in der Höhle nehme ich nicht mehr wahr.*

Ich schaue auf und erkenne in einer Steinformation eine schlafende Frau. Sie liegt friedlich und ruhig und ihr Gesicht ist mir zugewandt. Sie wartet auf ihre Zeit: die Zeit des Friedens ohne Gewalt und ohne Krieg. Sie schläft, bis zwölf Schamaninnen kommen und sie erwecken. Dann wird die Erde eine andere sein: Die Menschen leben in Frieden und Freiheit in der Fülle der Natur, die für jeden auf diesem Planeten ausreicht. Mann und Frau leben in Gleichberechtigung und im Gleichklang mit Tieren und Pflanzen.

Das ist meine Vision der Legende im Untersberg, denke ich mir, stehe auf und beende meine Meditation.

Mittlerweile bin ich allein in der Höhle. Was für ein Geschenk. Ich stelle mich unter den Lichtstrahl, der durch die Höhlendecke auf mich fällt, und spreche ein Gebet für mich, die Menschen und die Welt, lade mich mit den positiven Energien der Höhle auf.

▸ Als die beiden anderen die Höhle nacheinander verlassen haben, unternehme ich einen zweiten Versuch und gehe noch einmal hinein. Und als ich in den Schatten trete, ergreift es mich wieder. Es ist keine Traurigkeit und auch keine Freude. Es packt mich etwas, das ich nicht beschreiben kann. Vielleicht am ehesten noch so: Es fühlt sich an, als würden meine Grenzen fallen. Und als ob die Tränen irgendetwas aus mir heraus spülen – also lasse ich sie nun einfach laufen.

Irgendwann steht Andrea auf und überlässt mir die Höhle. Aber bevor sie hinausgeht, zeigt sie mir liebevoll den schönsten Platz. Und so bleibe ich unter dem Lichtfleck, der von oben durch das Loch in der Felsendecke fällt, zurück. Allein mit mir stehe ich da, in mir nichts als heilsame Stille.

Blick zurück durch das sogenannte „Kanonenrohr“

Die Saligen Frauen grüßen von der anderen Seite des Berges.

▹ *Wie eine Hüterin setze ich mich vor den Höhleneingang, während Nikola drinnen ist. Ich denke an die Wilden Frauen am Untersberg. In ihnen sind in den Legenden und Sagen die Göttinnen der Berge erhalten geblieben. In dieser Region ist es vor allem die Göttin Percht, die sich in den Traditionen und im Volksglauben bewahrt hat. In den Raunächten und zur Weihnachtszeit wird sie als Berg- und Wintergöttin verehrt.*

Die Andersweltgöttin Percht steht an den Übergängen, sie ist gerecht und ehrlich. An ihr kommt niemand vorbei. Sie fragt uns nach unseren Aufgaben. Warum wir hier sind und was wir noch vorhaben. Sie lässt uns keine Ruhe, bis wir unseren ureigenen Weg gehen.

▸ Als ich mich losreiße, sitzt das Paar noch in ein intensives Gespräch vertieft vor dem Eingang. Andrea und ich suchen uns einen Platz für unsere Brotzeit. Das Höhlenerlebnis hat glücklich und hungrig gemacht. Wir sitzen der Höhle gegenüber zwischen den Latschen, mit Blick auf den Berg, die Hütte und den Höhleneingang. Wir warten nur darauf, dass die beiden weiterwandern und wir uns in aller Ruhe noch einmal nähern können. Andrea hat mir von einem besonderen Platz erzählt, zu dem sie noch einmal möchte.

Unterwegs hat jemand eine Spirale gelegt.

▹ *Wie vor drei Jahren lege ich mich in die Grasmulde auf der Wiese vor der Höhle und schmiege mich wie ein Kind in die Kuhle. Ich schließe meine Augen, die Mittagssonne scheint wärmend und liebevoll auf mich herab, die Naturwesen wiegen mich in den Schlaf. Einhörner und Zwerge stehen im Kreis um mich herum und beschützen mich. Sie tragen mich davon in die Zeit hinter der Zeit. Hinter diese Schleier, die nur am Untersberg zu spüren und kurzzeitig zu lüften sind.*

Mit großer Dankbarkeit im Herzen verlasse ich den Ort. Mein Opfer in Form von einem besonderen Stein habe ich in der Höhle schon zurückgelassen. Bald schon werde ich wiederkommen, verspreche ich mir und all den Energien am Steinernen Kaser.

▸ Der Weg hinüber zur Skipiste bleibt zwar fast auf einer Höhe, er ist aber so schwierig zu gehen, dass man keine Sekunde unaufmerksam sein darf. Der Untersberg zeigt sich hier schon an der Oberfläche so löchrig, wie er ja mit all seinen Höhlen auch im Inneren ist. Abgründe, Höhlen, Dolinen – und dazwischen der Pfad, der an fast jedem Stein mit roten Punkten markiert ist, damit man ihn ja nicht aus den Augen verliert.

▹ *Ich werfe Steine in die Spalten, um zu hören, wie tief sie sind. Es macht mir Spaß auszuloten, wie weit es hinunter geht in den Berg. Die Geschichten von den Menschen, die einfach verschwinden, kann ich gut nachvollziehen. Und ich bin froh, dass der Nebel, der aus der Mittagsscharte aufsteigt, wie ein treuer Hund hinter uns herschleicht. Rund herum sind die Berggipfel schon in Wolken gehüllt, nur über uns ist der Himmel immer noch blau. Wir wissen: Wir sind heute sicher, hier an diesem Schicksalsberg.*

▸ Es ist wirklich so, als hätte jemand ein Auge auf uns: Immer da, wo wir gehen, scheint die Sonne. Die Aussicht ins Tal, nun auf die andere Seite Richtung Piding, ist vor lauter Nebel nur schemenhaft möglich, aber die Wolken verschonen uns. Auf dem sogenannten „Kanonenrohr", das im Winter eine schmale Skipiste ist, führt der Weg nun zurück. Er ist sehr steil, aber zum ersten Mal müssen wir uns nicht auf jeden Schritt konzentrieren. Wir hängen unseren Gedanken nach und erfreuen uns an den Kräutern und Blumen, die hier im Überfluss wachsen.

Wieder zurück am Geiereck und an der Bergbahn muss ich bei dem Gedanken lächeln, dass ich das nächste Mal, wenn ich Kopf und Herz frei bekommen möchte, vielleicht nicht bis zum Meer wandern muss. Es reicht der Weg bis zur Höhle auf dem Untersberg.

▹ *Welch ein Geschenk dieser Berg ist: so anstrengend, so steil, so befreiend, so magisch, so schön, so mystisch, so unglaublich anders als alle anderen Berge, die ich kenne. Ich danke den Wilden Frauen, den Untersberg-Geistern, den Männlein und Zwerglein und meiner Kollegin Nikola, die heute mit mir hier ist.*

Und wir danken im Geiste allen Menschen, die uns unterstützen und auf unseren Lebenswegen bis hierher begleitet haben. In unseren Herzen haben wir sie alle bei uns und sind ihnen dankbar. Hier auf diesem Herzberg wird uns das wieder einmal klar und bewusst: wie unendlich geführt und gesegnet wir sind.

Ritual
Visions-Wanderung

Mehrmals schreiben wir davon, dass der Untersberg dazu auffordert, über die eigene Bestimmung und den eigenen Weg nachzudenken. Nichts anderes bist du heute aufgefordert zu tun. Mache dich auf den Weg. Denk nach, lass dich inspirieren, lass dich führen und leiten von den Untersberg-Geistern. Mach dich wie die Schamanen auf zu einer Visionswanderung – und du wirst als eine andere oder ein anderer zurückkehren.

Glaube daran, dass sich dir heute auf diesem Berg etwas Wichtiges und Besonderes zeigen wird. Beginne mit deiner Visionswanderung am Gipfelkreuz des Hochthrons und beende sie in der Mittagsscharte. Beobachte, wer und was dir auf deinem Weg begegnet. Menschen, Tiere, Pflanzen, Symbole, Visionen, Zeichen, Worte usw. Lass dich führen und erzwinge nichts, gehe aufmerksam deinen Weg, nimm dir Zeit, um zu schauen, zu fühlen und zu (über-)denken. An der Mittagsscharte kannst du dir deine Erlebnisse und Erkenntnisse aufschreiben, wenn du magst. Denke darüber nach, warum du gerade diese Dinge und Situationen gesehen oder erlebt hast und was es für deinen ganz persönlichen Weg bedeutet.

Schlusswort, gefunden auf dem Untersberg